JN110807

、ガス・
セドナ

ララチッタとはイタリア語の「街＝La Citta」と、
軽快に旅を楽しむイメージを重ねた言葉です。
ラグジュアリーホテルや人気のショー、
カリスマシェフの店やパワースポットなど…
大人女子が知りたい旅のテーマを集めました。

ラスベガスで叶えたい♥
とっておきシーン10…P4

Las Vegas
● ラスベガス

マークの見かた

🛏 予約が必要　　　　　　◎ 交通
ドレスコードあり　　　ⓗ 住所
日本語スタッフがいる　☎ 電話番号
　　　　　　　　　　　　⑯ 開館時間、営業時間
　　　　　　　　　　　　ⓗ 休み
　　　　　　　　　　　　⑭ 料金
　　　　　　　　　　　　URL ウェブサイトのアドレス

その他の注意事項

●この本に掲載した記事やデータは、2023年7月の取材、調査に基づいたものです。発行後に、料金、営業時間、定休日、メニュー等の営業内容が変更になることや、臨時休業等で利用できない場合があります。また、各種データを含めた掲載内容の正確性には万全を期しておりますが、おでかけの際には電話等で事前に確認・予約されることをお勧めいたします。
なお、本書に掲載された内容による損害等は、弊社では補償いたしかねますので、あらかじめご了承くださいますようお願いいたします。
●地名・物件名は政府観光局などの情報を参考に、なるべく現地語に近い発音で表示しています。
●休みは基本的に定休日のみを表示し、年末年始や国の記念日、クリスマスなど祝祭日については省略しています。
●料金は基本的に大人料金を掲載しています。

SPECIAL SCENE10

ラスベガスで叶えたい♥
とっておきシーン10

America
アメリカ

"カジノ"のイメージが強いラスベガスだが、実は一流のショーや
グルメ、ショッピングも楽しめる大人のためのリゾートだ。
大人が遊べる最高のエンターテインメントシティでやるべきテーマをセレクト。

自由の女神と摩天楼がそびえるニューヨーク・ニューヨーク（→P27）

SCENE 1
P12〜15

個性あふれるホテルがずらり！
ストリップを歩いて
世界旅行

ラスベガスのいちばんのみどころともいえるのが、さまざまな趣向を凝らし
た個性派ホテル。世界各地の観光名所が点在するストリップを散策しよう。

France
フランス

エッフェル塔、凱旋門
などパリの観光名所が
ズラリ（→P27）

Italy
イタリア

Polynesia
ポリネシア

火山と熱帯植物に囲まれたミラ
ージュ（→P26）
コンセプトホテルの草分け的存
在、シーザース・パレス（→P26）

ルクソール（→P32）のピ
ラミッドとスフィンクス

Egypt
エジプト

ベネチアン（→P20）
では運河やゴンドラなどベネチアの景色を堪能

Ancient Rome
古代ローマ

ラスベガスといえばこれ！
カジノを楽しむ

SCENE 2 P44~47

まずは最低賭け金をチェック！

ラスベガスを訪れたからには一度はチャレンジしてみたいのが、カジノのゲーム。スロットマシンもテーブルゲームも、誰でも気軽に遊べる雰囲気だ。

プレイする前に、簡単なルールをマスターしておこう

アクロバティックな技は圧巻

シルク・ドゥ・ソレイユの人気ショーの一つであるカー（→P37）

エンタメ・シティの代名詞
ショーを見る

SCENE 3 P36~41

世界屈指のパフォーマンス集団、シルク・ドゥ・ソレイユやヘッドライナーショーをはじめ、ミュージカル、レビューショー、マジックなど、バラエティ豊か。

ベラッジオ（→P16）の噴水ショーはラスベガスを代表するアトラクションの一つ。昼と夜の両方楽しみたい

街中のいたるところで無料ショーも

絶景とスリルを楽しむ
アトラクションでエキサイト

SCENE 4 P42~43

ラスベガスには趣向を凝らしたマシンが目白押し！絶景を楽しむ観覧車からスリル満点の絶叫系まで毎日飽きずに遊べる！

上から眺める夜景は圧巻

エリア15にあるLIFTOFF（→P43）は高さ約40mまで上昇

余裕があれば夜景も楽しみたい

地上329mの高さから一気に垂直に落下するビッグショット（→P43）

世界最大級の観覧車ハイローラーも

SCENE 5 P16~23

とびきり贅沢な
ひとときを

ラグジュアリーホテルに泊まる

設備はもちろん、細部にまで贅を尽くした
ゴージャスなホテルに一度は泊まってみ
たいもの。予約時期によって驚くほど安く
泊まれることも!

ストリップ沿いに大規模なラグジュアリーホテルが立ち並ぶ

ラスベガスの夜を
華麗に盛り上げる、
ベラッジオの噴水

天井には手描きの
フラスコ画が

ベネチアン
(→P20)のロビ
ーは豪華さに驚
かされる

部屋はもちろん、
アメニティも豪華

アンコール
(→P22)のパ
ーラースイート

リゾート・ワールド
(→P18)には5種
類9カ所のプール
がある

SCENE 6 P56~60

高級ブランドから
庶民派ショップまで

モール&アウトレットでショッピング

ラスベガスは知る人ぞ知る買い物天国。狭い範囲にモー
ルやアウトレットが密集しており、テーマ性があったり
無料ショーがあったり、見に
行くだけでも価値がある。

フォーラム・ショップス(→P56)
は内観にもこだわっている

アウトレットでお得
に買い物しよう

高さ約30mのレトロなコカ・
コーラの瓶がそびえ立つ

キュートな
グッズがいっぱい

エム・アンド・エムズ・
ワールド(→P61)のお
なじみのマスコットが
お出迎え

SCENE 7 P61

ばらまきみやげ
にも最適!

プチプラみやげをゲット

いかにもアメリカンなイメージのアメ
リカを代表するブランドの直営店。
品揃えも豊富。おみやげにぜひ!

SCENE 8 P71~93

大地のパワーを
肌で感じる

大自然を
体感する

ダイナミックな
景色に感動！

砂漠の街ラスベガスは、アメリカ
西部の大自然へのゲートウェイシ
ティ。少し足を延ばせば、グラン
ド・キャニオン国立公園をはじめ、
想像を絶する景色が待っている。

グランド・キャニオン国立公園へ
は、バスや飛行機の日帰りツア
ーで（→P86）

光と岩の織りなす幻
想の世界、アンテロ
ープ・キャニオン
（→P88）

光の加減で異なる
表情を見せる

SCENE 9 P48~49

一流料理人の
自慢の一皿が集結

世界のカリスマシェフの
グルメを味わう

アメリカのみならず、世界で活躍するカリ
スマシェフのレストランが集まるのもこ
の街の特徴。世界中の人々を魅了する名シ
ェフの料理を味わおう。

アメリカのセレブシェ
フ、ジャーダのレスト
ラン（→P48）も話題に

美しい彩りにも
注目したい

ジョエル・ロブション（→P49）の
芸術的な一皿

ギー・サヴォワ（→P49）で
優雅なひとときを

SCENE 10 P62~63

昔懐かしいアメリカ
の風景を楽しむ

ダウンタウンで
古き良きラスベガス

どこか懐かしい雰囲気が漂うダウンタウンは、ラ
スベガス発祥の地。レトロなカジノホテルにきら
めくネオンサイン、名物の電飾ショーも一見の価
値あり。

フリーモント・ストリート・エクス
ペリエンス（→P62）は必見

派手なネオンにどこか懐
かしさを感じる

ラスベガスの伝説の
カウボーイにちなんだ
ネオンサイン

やりたいことを全部叶える！

4泊6日王道モデルプラン

テーマホテル巡りから、グルメ、ショッピング、ショー、カジノまで、
史上最高のエンタメシティ、ラスベガスには大人の遊びが盛りだくさん。

DAY1
初日はゆっくり♪
ホテル＆モール散策

13:30 ハリー・リード国際空港 到着
↓ タクシーで約15分
15:00 ホテルにチェックイン
↓ 徒歩10分
17:00 シーザース・パレス＆フォーラム・ショップスへ
↓ 徒歩10分
20:00 ヌードルズで夕食

イタリアの別荘地をテーマにしたベラッジオに宿泊→P16

古代ローマ宮殿を思わせるフォーラム・ショップス→P56

アジアの麺類が中心のヌードルズでディナー→P17

アレンジプラン
夕食後、余力があればカジノへ。カジノは24時間オープンしているが、昼間より夜のほうが賑わっている。プレイすればドリンクのサービスも。

DAY2
プチ世界旅行気分♪
ラスベガス王道観光

09:00 ザ・バフェで朝食
↓ タクシーで10分〜
10:30 ルクソールのピラミッド見学など市内を散策
↓ 徒歩15分(ニューヨーク・ニューヨークから)
14:00 キャラクターショップ巡り＆名物メニューをテイクアウト
↓ 徒歩6分
16:00 パリスのエッフェル塔で絶景観賞
↓ 徒歩10分
18:00 クリスタルズでショッピング
↓ 徒歩8分
19:30 スーパーフリコで夕食
↓ 徒歩10分
21:30 オーを鑑賞

高級食材を使ったメニューが豊富に揃うベラッジオのザ・バフェ→P54

昼食にはオート・ドグリーの名物ホットドッグを→P55

ADVICE!
街なかの両替所は意外と少なめだが、代わりにATMの利用が便利。詳しくは→P104

巨大ピラミッドとスフィンクス→P32

エッフェル塔の展望台へはエレベーターで→P27

建物も洗練された高級ショッピングモール クリスタルズ→P57

ユニークな演出でもてなしてくれるスーパーフリコ→P50

アレンジプラン
ラスベガスでも有名なベラッジオの噴水ショー。毎回音楽や噴水の動きが替わるので、何回でも楽しめる。19〜24時まで15分おきに見られる。

水中で繰り広げられるパフォーマンスが圧巻のオー→P36

DAY3

グランド・キャニオン♪
壮大な
絶景を満喫

07:00
ツアーに参加してグランド・キャニオン国立公園へ

↓ 飛行機&バスで観光

16:00
ホテル帰着

↓ 徒歩6分

ADVICE!
グランド・キャニオンは、海抜が高く気温が低め。着脱しやすい上着を用意しよう

雄大なグランド・キャニオン国立公園の景色を堪能→P80

アレンジプラン
アンテロープ・キャニオン(→P88)も人気スポット。ラスベガスから砂漠をドライブしつつ、バスで片道約5時間。日帰りの1日ツアーが主流で、ナバホ族によるツアーも人気。

18:00
ザ・リンク・プロムナード散策&ハイローラーで夕景を眺める

↓ 徒歩6分

20:00
ジャーダでディナー

ラスベガスの街を見渡せるハイローラーに乗車→P42

話題のレストラン、ジャーダで思い出ディナー→P48

DAY4

景色も堪能♪
リゾートで
買い物づくし

09:30
朝食後はプールでのんびり

↓ 徒歩15分

12:30
ネイサンズでランチ

↓ 徒歩すぐ

ベラッジオのプールでリゾート気分を満喫→P16

創業100年を超える老舗のホットドッグ→P55

グランド・カナル・ショップスで運河沿いの小路を散策しながらお買い物→P20・P57

14:00
ベネチアン&グランド・キャニャル・ショップスへ

↓ 徒歩10分+SDX30分

16:00
プレミアム・アウトレット・ノースでショッピング

↓ SDX6分

ADVICE!
おみやげを買うときは、日本に持ち込めないものを要チェック→P101

屋外型のアウトレットでショッピング→P60

アレンジプラン
ラスベガス最後の夜は、絶叫系マシン(→P43)にチャレンジしては？ラスベガスの夜景を眼下に日本未上陸のライドを体験しよう。

18:30
ダウンタウン散策&ディナー

↓ デュース40分

22:00
ミラージュで火山噴火の無料ショーを見学

どこか懐かしい街並みが残るダウンタウンへ→P62

DAY5&6

楽しい旅も終わり♪
ラスベガス
から日本へ

現地5日目の10時に空港を発つと、日本へは翌日の18時頃に到着(所要13時間)

ホテルに戻りがてら火山噴火の無料ショーを見学→P41

ラスベガス1泊2日プラン

カジノでお金を使わなくても存分に楽しめるのが、ラスベガスのよいところ。
ハイクオリティな無料ショーや絶叫アトラクション、リーズナブルなグルメを満喫！

ADVICE!
無料ショーはそれなりに混雑するので、よい場所から観たいなら、早めに行くのがおすすめ！

DAY1
無料でもハズレなし♪
ショー＆
ショッピング

無料

10:00

フォーラム・ショップスで
ショッピング
12時からはアトランティスの
滅亡→P41を鑑賞

↓ 徒歩5分

12:30

シーザース・パレスに立ち寄り、
北京ヌードルズ・ナンバー9でランチ

手延べ麺が
名物→P53

↓ デュース20分

14:00

人気モールの
ファッション・ショーへ

グレートホールでは週末に不定期でイベントが行われるので要チェック→P56
無料

↓ デュース5分

15:15

サーカス・サーカスで
ショー見物

席を確保するなら早めに→P41
無料

↓ デュース15分

16:00
ラスベガス・プレミアム・
アウトレット・ノースへ

人気アイテムをお得
にゲット→P60

↓ 市バス25分

19:00

フリーモント・ストリート・
エクスペリエンスを鑑賞

ダウンタウンで見学→P62
無料

↓ デュース・市バス1時間

20:15

バッカナル・バフェで夕食

500種類以上
のメニューが
並ぶ→P54

↓ 徒歩15分

22:00
ベラッジオの
噴水ショー
を見学
噴水が華麗なダンス
を披露→P41
無料

DAY2
絶景＆絶叫！
アトラクションで
あそびつくす

無料

09:00
コスモポリタンの
エッグスラットで朝食
食材にもこだわっている
→P52

↓ 徒歩3分

11:00

ミラクル・マイル・ショップスで
おみやげ探し
セフォラやラッシュなどの
コスメブランドも→P57

↓ 徒歩5分

12:00
ピンナップ・ピザで
お手軽ランチ

大きさはストリップ最大級→P55

↓ 徒歩10分

14:00
フライ・オーバーで
爽快な空の旅へ

風や水しぶきの仕掛けも→P42

↓ 徒歩5分

16:00
ビッグ・アップル・コースターで
絶叫が止まらない

高層ビル群の間
を激走→P43

↓ デュース20分

17:30
アジア各国の麺料理が揃う
ヌードルズでディナー

おひとりさまでも
利用しやすい→P17

↓ デュース30分

20:00
レイク・オブ・ドリームを
鑑賞する
幻想的な光と甘い歌声に夢見
心地に→P41
無料

↓ 徒歩10分

21:00
ミラージュの
火山噴火を見学
迫力満点のショーに興奮→P41
無料

Topic 1

ラスベガス

Las Vegas

───────────────────────
きらびやかなホテルが立ち並び
───────────────────────
ハイレベルなショーやカジノが楽しめる
───────────────────────
世界最大級のエンタメシティ
───────────────────────

押さえておきたい観光スポットを紹介

ラスベガス観光の花形 ストリップを歩こう

ラスベガスのメインストリートは、ラスベガス・ブールバード(通称ストリップ)。
観光スポットが集中するストリップを攻略して、眠らない街を遊び尽くそう。

🐾 歩き方のPOINT

主なみどころは、ストリップに集中しているためわかりやすく、通り沿いに立つ大型ホテルを目印にすれば、迷うことはない。が、道幅は広く、通りの反対側へ渡るには意外に時間がかかる。また、ホテルなどの建物内部も広いため、最終目的地までかなり歩くことを念頭に、歩きやすい靴で出かけよう。

・フォーコーナー〜ストリップ北

地図内ラベル：
ストリップ
フォーコーナー
ニューフォーコーナー
ハリー・リード国際空港✈

F 火山噴火
The Volcano ➡P41

ミラージュのラグーンで行われる無料ショー。日が暮れると岩山から火柱が噴き上がり、迫力満点。炎と太鼓の必見スペクタクル。

H ファッション・ショー
Fashion Show ➡P56

メイシーズなど8つのデパートのほか、約250店の専門店が集まる大型ショッピングモール。高級ブランドからカジュアルまで揃う。

E フォーラム・ショップス
The Forum Shops ➡P56

シーザース・パレスに隣接するショッピングモール。ローマの街並みの中で買い物が楽しめる。館内広場では無料ショーも。

（地図内のホテル・施設名）
Fashion Show Dr.
TI
ミラージュ
ベネチアン
H
G
シーザース・パレス
F
E
リンク・ホテル+エクスペリエンス
ハラーズ
フラミンゴ・ラスベガス
クロムウェル
ベラッジオ
A
B
C
フォーコーナー
ホースシュー
Flamingo Rd.

A フォーコーナー
Four Corners

四つ角にシーザース・パレス、クロムウェル、バリーズ、ベラッジオが立つ交差点。ストリップの中心部に位置する観光の拠点。

B クロムウェル
The Cromwell ➡P28

フォーコーナーの角に位置するブティックホテル。「ジャーダ」(→P48)や夜景が一望できるプール付きのナイトクラブもある。

C ハイローラー
High Roller ➡P42

高さ550フィート(約167m)の世界最大級の観覧車。2014年3月のオープン以来、人気の観光スポット。

ストリップ北から ダウンタウンへ

ストリップ北とダウンタウンの間は質屋やモーテルが並び、あまり治安のよくない地域といわれている。観光客向けのホテルや店は特にないので、このエリアを通るときは歩かずに、タクシーかバスを使おう。

J ザ・ストラット・ホテル・カジノ＆タワー
The STRAT Hotel,Casino & Tower ⇨P43

ストリップでひときわ目立つ、350mの高層タワー。中心部から外れた北にあり、ここを目印にすると方角がつかめる。展望台は夜景スポットとして人気。

I エル・ロコ
El Loco ⇨P43

アドベンチャードーム内にあるアトラクション。エル・ロコは世界で人気のローラー・コースターのシリーズ。

G グランド・キャナル・ショップス
Grand Canal Shoppes ⇨P57

ベネチアン＆パラッツォに併設するショッピングモール。運河のある街並みやゴンドラなど、ベネチアにいるような気分が味わえる。

D ザ・リンク・プロムナード
The LINQ Promenade ⇨P58

フラミンゴ・ラスベガス（→P31）とリンク・ホテル＋エクスペリエンスの間。歩行者天国に、個性的な雑貨店やカフェ、バーなどが並ぶ。

行く前にCheck
●ラスベガス エリアNAVI

① フォーコーナー周辺
Four Corners

ストリップとフラミンゴ・ロードの交差点"フォーコーナー"を中心としたエリア。ラスベガスで最も活気ある場所で、常に多くの観光客で賑わう。本書では、南はシティセンターから、北はシーザース・パレスまでを指す。

② ストリップ南
Strip, South

ストリップとトロピカーナ・アベニューの交差点"ニューフォーコーナー"を中心としたエリア。本書では、南はフォーシーズンズから、北はパークMGMまで。

③ ストリップ北
Strip, North

ダウンタウンまで続くエリア。中心部に比べると人通りは少ない。本書では、南はミラージュから、北はサーカス・サーカスまでを指す。

④ ダウンタウン
Downtown

ランドマークのザ・ストラット・ホテル・カジノ＆タワーから北へ約3km、市役所や郵便局などがあるラスベガスの行政地区。昔ながらの小規模なカジノホテルが軒を連ね、レトロな雰囲気が漂う。

⑤ オフストリップ西
Off Strip, West

リオやパームスなどのホテルが点在する。交通量の多い道路を通るので、このエリアへの移動はタクシーがおすすめ。

⑥ オフストリップ東
Off Strip, East

ヴァージン・ホテルズや庶民的な買い物スポット、ブールバードなどがあり、リーズナブルな小規模ホテルが点在する。車で移動するのが一般的。

フォーコーナー〜ストリップ南

T ベラッジオ
Bellagio ⊖P16

ストリップのほぼ中心に位置する大型リゾート。レストランやショップ、カジノに至るまですべてゴージャス。噴水ショー（→P41）も必見。

Q クリスタルズ
Crystals ⊖P57

ハイエンドのブランド店が集まるモールとして、オープン当初から話題に。北米最大の面積を誇るルイ・ヴィトンをはじめ、フェンディやティファニーはラスベガス最大の店舗。

O ティーモバイル・アリーナ
T-Mobile Arena
MAP●P114A3

ニューヨーク・ニューヨークとパークMGMとの間に位置する。大物ミュージシャンのコンサートや各種イベントを開催。ストリップからの遊歩道ザ・パークはレストランも充実した憩いの場に。

N ニューヨーク・ニューヨーク
New York New York Hotel & Casino
⊖P27

ハーシーズ・チョコレート・ワールド（→P61）などが入る、ホテル前の遊歩道にあるザ・プラザ。そこからティーモバイル・アリーナに続くザ・パーク・ベガス（→P59）にはユニークな店舗やレストランが集まる。

L ルクソール
Luxor ⊖P32

世界初のピラミッド型ホテル。スフィンクスやオベリスクをはじめ、エジプト風の石像があちこちに点在する。内部のデコレーションも見る価値あり。

P シティセンター
City Center MAP●P114A2

ニューフォーコーナーとフォーコーナーの間に位置する複合施設。アリア・リゾート＆カジノ（→P29）、ウォルドーフ・アストリア（→P24）、ヴィダラ・ホテル＆スパ（→P25）とクリスタルズ（→P57）、コンドミニアムで構成。

ルクソール

デラーノ・ラスベガス

マンダレイ・ベイ

フォーシーズンズ

ここから800m先 K

K ウェルカム・トゥ・ファビュラス・ラスベガス・サイン
Welcome to Fabulous Las Vegas Sign MAP●P113B3

ラスベガスを象徴する看板。半世紀以上前に設置され、記念撮影に訪れる人が後を絶たない。無料の駐車場がある。裏側も見逃さないで！
⊗フォーコーナーから車で8分
⊕5100 Las Vegas Blvd. S. ☎なし ⏱24時間 ㉻なし

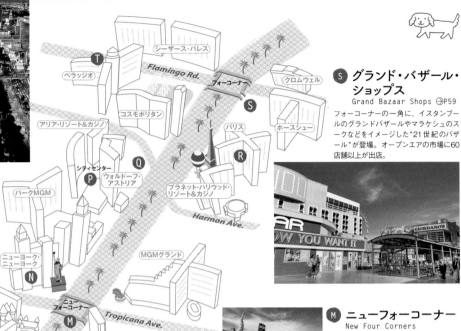

S グランド・バザール・ショップス

Grand Bazaar Shops ⊖P59

フォーコーナーの一角に、イスタンブールのグランドバザールやマラケシュのスークなどをイメージした"21世紀のバザール"が登場。オープンエアの市場に60店舗以上が出店。

M ニューフォーコーナー

New Four Corners

四つ角にニューヨーク・ニューヨーク、MGMグランド、トロピカーナ、エクスカリバーが立つ交差点。空港から近く、今後も発展する可能性大。

R パリス

Paris Las Vegas⊖P27

エッフェル塔や凱旋門、オペラ座など、パリの名所を凝縮したホテル。パリの街並みを再現したカジノや石畳風のショッピングモールにもフランスの薫りが。

リーズナブルなのに贅沢で優雅なステイ

一度は泊まりたい
ラグジュアリーホテル

プールは全部で5つ

最高級の設備でも宿泊料金は意外に格安なラスベガスのホテル。
憧れの豪華ホテルに泊まって、優雅にセレブ気分を満喫しよう!

フォーコーナー周辺　MAP P114A1　**MGM**

ベラッジオ
Bellagio

一生に一度は泊まってみたい
大人のための贅沢なホテル

ホテル王、スティーブ・ウィン(→P22)が手がけた、イタリア北部のリゾート地をテーマにしたエレガントなホテル。レストランやショップには一流店が揃い、シックな内装のカジノや季節の花で彩られた植物園、ロビーのガラス細工の天井も一見の価値あり。ホテル前のコモ湖で繰り広げられる噴水ショーは、ラスベガスを代表する観光スポットだ。

DATA ⊗フォーコーナーから徒歩1分 ⊕3600 Las Vegas Blvd. S. ☎(702)693-7111 時〈チェックイン/アウト〉15時/11時 ㉄スタンダード$199〜、スイート$289〜〈客室数〉3933室 URL www.bellagio.com

ベラッジオは「大人のリゾート」をうたっており、宿泊客を除いては、18歳未満は大人の同伴なしで施設内に立ち入ることができない。カジノはもちろん、植物園やショッピングアーケード、レストランも含まれるので注意が必要。例外として、5歳以上で、18歳以上の大人同伴であれば大人と認めているが、大人が楽しむ空間という原則を念頭に配慮が必要。
●バフェなど一部のレストランでの食事
●アートギャラリーの見学
●「オー」の観劇(要予約番号)
※5歳未満でも、大人同伴なら宿泊は可能。ベビーカーの利用は宿泊客に限られる。

ホテル前の人工湖を舞台に繰り広げられる噴水ショーは人気が高い

Check List
- ☑ ショー
- ☑ プール
- ☑ スパ
- ☐ スリッパ
- ☐ 歯ブラシ
- ☐ ミニバー/冷蔵庫
- ☑ バスタブ
- ☑ 客室無料WiFi

☀**POINT**

ベラッジオの噴水ショーが見られる客室は、同タイプの客室にプラス$30〜。人気があるので早めに予約しよう。

1.2000個のカラフルなガラスの花で覆われたロビーの天井はラスベガスの名所　2.イタリアのコモ湖の日の出をイメージしたやわらかなインテリア。扉のないシャワーブースで広々

ラスベガスのホテルの【特殊事情】

ラスベガスのホテルは、カジノへの集客を第一に考えているため、ゴージャスなのに格安。優雅なホテルライフを楽しもう。

★宿泊料金はリーズナブル、2名1室$100〜で泊まれる一流ホテルも多い。ただし、週末は宿泊料金が2倍以上にアップするなど、日にちや季節による価格変動には注意。
★どのホテルでも宿泊料金とは別にリゾートフィーを請求される。これには客室でのWiFi使用料やシャトルバスでの送迎料が含まれている。1泊につき$20〜30程度。
★客室数3000〜5000室の超大型ホテルが主流。広大な上、フロントへはカジノを通る構造のため、部屋にたどり着くまで時間がかかる。チェックインも並ぶことが多い。

★客室にバルコニーはなく、窓は開かない。シャワーのみという客室も多く、バス付き＝バスタブ付きとは限らない。予約時に確認を。
★2大ホテル系列シーザーズ・エンターテインメント系とMGMリゾート・インターナショナル系がある。グループホテル（→P108）で共通のカジノのプレーヤーズカード（→P44）など、お得なサービスを賢く利用しよう。
★喫煙場所は限られており、カジノ以外の公共の室内空間は原則として禁煙。カジノ内にも禁煙セクションがある。

おすすめ PickUp！

🌿 ベラッジオ・スパ
Bellagio Spa

指圧マッサージやカスタムメイドのマッサージ、フェイシャルやボディラップなど豊富なメニューからチョイスでき、チップ込みの料金なのも安心。スチームルームやサウナ、ジャクジーだけを利用するデイパスは宿泊客専用で1日$100。

DATA ☎(702)693-7472 ⏰9〜18時 休なし

4つあるジャクジー
広々としたカップル用トリートメントルーム

🍴 スパゴ 1階
Spago 噴水VIEW

ウルフギャング・パックのラグジュアリーレストランが2018年5月にオープン。モダンなコース料理などが味わえる。

DATA ☎(702)693-8181 ⏰11時〜14時30分(金〜日曜)、17〜22時 休なし

🍴 サデルズ・カフェ 1階
Sadelle's Café

朝食、ランチ、ブランチに最適の明るい店内。サデルズ・タワーはたっぷりのベーグルにシーフード、トマト、キュウリのタワーがついた人気メニュー。

DATA ☎(702)693-7356 ⏰6〜15時(金・土曜は〜23時) 休なし

🍴 マイケル・ミーナ 1階
Michael Mina

ミシュランの星を獲得したスターシェフ、マイケル・ミーナの店。世界各国のエッセンスを取り入れたシーフード料理が評判。

DATA ☎(702)693-7223 ⏰18〜22時 休月・火曜

🍴 ジャスミン 1階
Jasmine 噴水VIEW

広東、四川、湖南料理に加え、新スタイルの香港料理を融合した新感覚の中国料理が食べられる。

DATA ☎(702)693-8166 ⏰17時30分〜22時30分 休月・火曜

🍴 ヌードルズ 1階
Noodles

タイや日本、中国などアジア各国の麺料理が揃う。日本人の口に合う味付けで、小腹がすいたときや、おひとりさまでも利用しやすい。

DATA ☎(702)693-8131 ⏰11時〜23時(金・土曜は〜翌1時) 休なし

🛍 ヴィア・ベラッジオ 1階
Via Bellagio

グッチやシャネル、プラダなど、12店の高級店が軒を連ねる。世界の有名ブランドのショッピングが深夜まで楽しめるのも魅力。

DATA ☎(702)693-7111 ⏰10〜24時 休なし

リゾート・ワールド
Resorts World Las Vegas

POINT
5種類9カ所あるプールはラスベガス最大級。プールバーやレストランもあり、太陽の下一日中水着で過ごせる。

ラスベガス最新のリゾート
最先端技術で快適さは格別

総工費43億ドル、ストリップの北に2021年6月完成のリゾート。最先端のテクノロジーとラグジュアリーの融合がコンセプトで、40のレストラン、5000人収容のシアター、スパ、5種類のプール、ショップ、カジノなど楽しめる要素がすべて詰まっている。キャッシュレスで遊べる次世代型ゲームやさまざまなジャンルのショーなど心躍る体験がたっぷり。

DATA ⊗フォーコーナーから車で10分 ⊕
3000 S Las Vegas Blvd. ☎(800)266-7237
⊛〈チェックイン／アウト〉15時／11時 ⊛ヒルトン・デラックスキング$84〜〈客室数〉3506室
URL https://www.rwlasvegas.com/

床面積1万㎡のカジノ。スロットマシン、テーブルゲーム、ポーカールームも

壁面LCDスクリーンは世界最大規模。東西の外壁と地球儀型のLCDスクリーンがある

超スタイリッシュな客室が特徴のコンラッド。高級アメニティなどでワンランク上の上質な滞在

Check List
- ☑ ショー
- ☑ プール
- ☑ スパ
- ☐ スリッパ
- ☐ 歯ブラシ
- ☑ ミニバー／冷蔵庫
- ☑ バスタブ
- ☑ 客室無料WiFi

ゲンティン・パレス P19
クロックフォーズ・ロビー・バー
カーバーステーキ P19

駐車場

シュガー・ファ
ネクター・バイ・トリート
スターバックス
クロスロード P19
リゾート・ワールド・
シアター

コルソ
RWストア
ポーカー

バカラ
クロックフォーズ・
カジノ＆ラウンジ
RWストア
ザ・キッチン
ハイリミット・ラウンジ
カジノ
クリスタル・バー
ギャッツビー・カクテル・ラウンジ
フェイマス・フード

プレッツァ
キャビア・バー
バー・ザズー P19
エイト・シガー・
ラウンジ
ビバ！
トゥイラ・トゥルー
エルベ・レジェ
ジュディス・リーバー
フレッド・シーガル
ファット・チューズデイ
フフ

カジノ P19
カサ・ノリ

ウォリーズ
ミス・ビヘイブ・ビューティサロン
マルベリー・ストリート・ピッツェリア
レッド・テイル
オービ＆ラムサー

- カジノ
- レストラン
- エンターテインメント
- ショッピング
- エレベーター／エスカレーター
- その他
- トイレ

アユ
デイクラブ P19
ズーク・
ナイトクラブ P19

ストリップを見下ろす167㎡あるインフィニティプールなど5種類のプールが楽しめる

おすすめ PickUp！

🌿 アワナ・スパ
Awana Spa
マッサージやフェイシャルのほか、サウナマイスターによるサウナの入浴指導が珍しいと評判。曲線を多用したインテリアで心身ともにリラックス。

モダンで温かみのある空間が魅力

DATA ☎ (702) 676-7021 ㉑9〜19時 ㉕なし

泉のプールエリアはパッケージでも利用可能

🍴 バー・ザズー
BAR ZAZU
ヨーロッパの雰囲気でタパスやチーズ、ハムなどをドリンクと楽しむバー。

DATA ☎ (725) 233-8381 ㉑17〜22時 ㉕火・水曜

🍴 クロスロード
CROSSROADS
植物由来の食事を提供する高級レストラン。肉好きも大満足。

DATA ☎なし ㉑17〜22時（金・土曜は〜23時、日曜10〜14時のブランチあり） ㉕なし

🍴 ゲンティン・パレス
GENTING PALACE
本格的な中国料理と点心が味わえると評判のレストラン。

DATA
☎ (702) 676-8888
㉑17時30分〜22時
㉕月・火曜

♪ アユ・デイクラブ
Ayu Dayclub
水着で楽しむデイクラブは有名DJが公演

東南アジアの島をイメージした屋外のデイクラブ。ベストDJ、クラブ賞受賞。

☎ (702) 802-6460
㉑12〜18時 ㉕月〜木曜

♪ ズーク・ナイトクラブ
Zouk Nightclub
ストロボやレーザー光線が飛び交うナイトクラブ。デイクラブと併せて楽しめる。

☎アユ・デイクラブと同じ ㉑22時30分〜翌4時 ㉕月〜水曜

リクエストすると専門のVIPチームがサービスを担当

🍴 カーバーステーキ
Carversteak
USビーフ熟成ステーキがおすすめのステーキハウス。併設バーも立ち寄りたい。

DATA
☎ (702) 550-2333
㉑17〜22時（金・土曜は〜23時）、バー17〜23時（金・土曜は〜24時） ㉕なし

🍴 フフ
FUHU
ステーキや寿司を特製のカクテルや日本酒とともに味わえる。

DATA ☎ (702) 676-6907 ㉑17〜23時（金・土曜は〜24時、土曜12〜15時のブランチあり） ㉕なし

🍴 クサ・ノリ
KUSA NORI
寿司と鉄板焼をメインに日本では見られないメニューも提供している。

DATA ☎ (702) 676-6965 ㉑17〜22時（バー＆ラウンジ席16時〜） ㉕なし

ベネチアン＆パラッツォ

ストリップ北　MAP P115B3

The Venetian® Resort Las Vegas &
The Palazzo at The Venetian Resort

ベネチアの粋を集めた ゴージャスホテル

水の都、ベネチアの街並みを細部にまで再現した大型リゾート。ベネチアンと姉妹ホテルのパラッツォを合わせると客室数は7000室強に上り、その全室がリビングスペースを設けたスイートルーム。ストリップ沿いに並ぶベネチアの象徴的な建築物、敷地内の運河を行き交うゴンドラ、ロビーやカジノフロアの天井の手描きのフラスコ画など、どこを見ても豪華で美しく、驚嘆するばかり。水路を張めぐらせたショッピングモール（→P57）も必見だ。

ベネチアンの正面の運河を渡るとカジノの入口

DATA　ベネチアン　⊗フォーコーナーから徒歩15分　⊕3355 Las Vegas Blvd. S.　☎(702)414-1000　時〈チェックイン／アウト〉15時／11時　料スイート＄159〜〈客室数〉4029室　URL www.venetian.com
パラッツォ　⊗フォーコーナーから徒歩17分　⊕3325 Las Vegas Blvd. S.　☎(702)607-7777　時〈チェックイン／アウト〉15時／11時　料スイート＄159〜〈客室数〉3064室　URL www.palazzo.com
日本の問合先 ☎0120-829-718 インターコンチネンタル

1. ストリップにベネチアの夜景が浮かび上がる　2. ベネチアンの北側に隣接するパラッツォ　3. 壁の装飾や柱まで忠実に再現したドゥカーレ宮殿

Check List

- ☑ ショー
- ☑ プール
- ☑ スパ
- ☐ スリッパ
- ☐ 歯ブラシ
- ☑ ミニバー／冷蔵庫
- ☑ バスタブ
- ☑ 客室無料WiFi

ベネチアン The Venetian

天井にはフラスコ画、床や柱は大理石

1. 約139㎡の広々としたグランド・キング・スイートにはジェットバスとシャワーブースの付いたバスルームも
2. ベネチアンのプールは3つ。温水で一年中利用可
3. ロビーからカジノへ続く豪華な通路

パラッツォ The Palazzo

1. ラグジュアリー・キング・スイートはラスベガスの一般的な客室の約2倍の広さ
2. ロビーにある滝は季節ごとに装飾される
3. プールは10個あり、宿泊者はすべて無料で利用可能。ただしアズールのみ宿泊者以外でも利用可

おすすめ PickUp！

🍴 ヤードバード
Yardbird

ベネチアン1階

100％ナチュラルな鶏肉を使用したフライドチキンが自慢の名店。アメリカの南部料理を中心に、ビスケットやリブアイなども用意。

DATA ☎ (702) 297-6541
🕐11～23時(金・土曜9時30分～) 休なし

🍴 ブション
Bouchon

ベネチアン10階

米国の著名シェフ、トーマス・ケラーのフレンチビストロ。ワインに合うメニューが揃う。ブランチメニューも充実。

DATA ☎ (702) 414-6200
🕐17～22時、木曜8～13時・金～日曜8～14時はウィークエンドブランチあり 休なし

🍴 ワクダ
WAKUDA

パラッツォ1階

2022年6月にオープンした、ミシュラン2ツ星を獲得した和久田哲也シェフが指揮をとる本格日本食レストラン。

DATA ☎ (702) 665-8592
🕐15～22時(土・日曜17時～、ラウンジは～24時) 休なし

📻 マダム・タッソーろう人形館
Madame Tussaud's Interactive Wax Museum

ベネチアン2階

ハリウッドスターをはじめ、世界の有名人の実物大のろう人形を展示。表情や肌の質感は間近で見ても超リアル。写真撮影も自由にできる。

DATA ☎ (702) 862-7800
🕐10～21時(金・土曜は～22時。入場は終了の30分前まで)
休なし 料13歳以上＄29.95、4～12歳＄19.95

🚤 ゴンドラ・ライド
Gondola Rides

ベネチアン1階、2階

ゴンドラに乗って運河を巡る人気のアトラクション。熟練の漕ぎ手(ゴンドリエーレ)による生歌を聞きながら、のんびりベネチア気分を味わおう。

DATA ☎ (702) 414-4300
🕐10時～22時30分(金・土曜は～23時30分。乗船は終了の15分前まで) 休なし 料＄34

🛍 グランド・キャナル・ショップス
Grand Canal Shoppes

ベネチアン パラッツォ

カジノフロアの2階、運河を通るゴンドラも見られる屋内ショッピングモール。買い物はもちろん、サンマルコ広場のカフェでくつろいだり、大道芸を見るのも楽しい(→P57)。

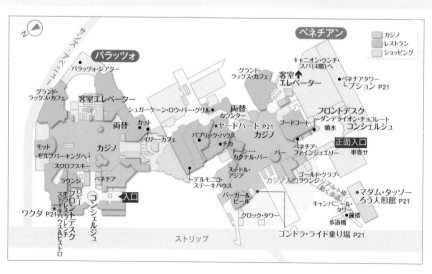

ウィン・ラスベガス＆アンコール

ストリップ北　MAP P115B2

Wynn Las Vegas & Encore at Wynn Las Vegas

極上を追求した夢のメガリゾート

敷地内に高さ40mもの山や滝を造り、自ら設計したゴルフコースを併設するなど、スティーブ・ウィンの集大成ともいえる究極のラグジュアリーリゾート。ウィン・ラスベガスの館内には花や植物が飾られ、ショップやレストラン、カジノにもエレガントな大人の雰囲気が漂う。一方、蝶のデコレーションと赤を基調にしたアンコールは、ウィンよりさらに豪華さをアップさせた全室スイート仕様の大人のための超高級リゾートとなっている。

天井から下がるライトも個性的なウィン

POINT

ウィンとアンコールはショッピングアーケードでつながっている。アンコールの宿泊者は、ウィンのプールエリアにも行き来できる。

Check List
- ☑ ショー
- ☑ プール
- ☑ スパ
- ☐ スリッパ
- ☐ 歯ブラシ
- ☑ ミニバー／冷蔵庫
- ☑ バスタブ
- ☑ 客室無料WiFi

DATA　ウィン・ラスベガス
⊗フォーコーナーから車で5分 ⌂3131 Las Vegas Blvd. S. ☎(702)770-7000〈チェックイン／アウト〉15時／12時 ⊙スタンダード＄168〜〈客室数〉2716室 URL www.wynnlasvegas.com
アンコール ⊗フォーコーナーから車で5分 ⌂3121 Las Vegas Blvd. S. ☎(702)770-7000 時〈チェックイン／アウト〉15時／12時 ⊙スイート＄186〜〈客室数〉2034室 URL www.wynnlasvegas.com

オーナーのサインがホテルのロゴマーク

【スティーブ・ウィン】とは？

1942年コネチカット州生まれ。29歳でダウンタウンのゴールデン・ナゲット（→P62）の買収に成功。その後、ストリップにテーマホテルの先駆けとなるミラージュ（→P26）、TI、ベラッジオ（→P16）を次々と誕生させる。が、巨額の負債を抱えてMGMグループに買収されてしまう。それでも諦めず、ウィン・ラスベガスを建造した。

ウィン・ラスベガス　Wynn Las Vegas

1. ウィン特注のドリームベッドや大理石のバスルームが自慢のパノラミック・ビュー・キング。高層階から景色を一望できる　2. 花や植物に囲まれたプールは癒しの空間　3. ストリップに隣接する唯一のゴルフ場。18ホール、6722ヤードの変化に富んだコースが楽しめる。プレー料金は＄550〜

アンコール　Encore

1. トップレスOKのヨーロピアンプール　2. 創業者の夢を実現させたアンコール　3. 寝室にリビングやダイニングエリア、マッサージルームも備わるパーラースイート。タワースイートは＄50の朝食クレジット付き（レストラン利用のみ）

すみずみまで高級感が漂うアンコール館内

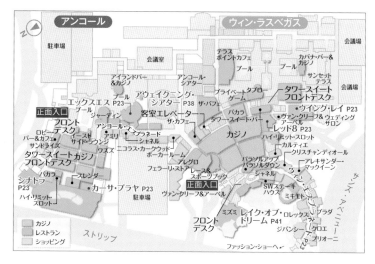

地図内のラベル：

アンコール　ウィン・ラスベガス

駐車場　会議場　会議室　テラスポイントカフェ　プール　カバナ・バー＆カジノ　サンセットテラス　会議場

アイランドバー＆カジノ　アンコール・シアター　プライベートゲーム　タブロー　ザ・バフェ　タワースイートフロントデスク

エックスエス P23　ア・ウェイクニング・シアター P38　客室エレベーター　バカラ　ウイング・レイ P23　ヴァンクリーフ＆ウェディングサロン

正面入口　プール　ジーディン　ザ・カフェ　タワースイート・バー　レッド8 P23　ハイ・リミット・スロット

フロントデスク　ロビーカフェ　サンドライズ　イースト・サイドラウンジ　アンコール・エスプラネード　アミリ　シャネル　ニコラス・カークウッド　ボーカルルーム　アレグロ　ハイ・リミット・スロット　カルティエ　クリスチャンディオール

タワースイートカジノフロントデスク　ウズス　フェラーリ・ストアレース＆スポーツブック　パラソルアップ　パラソルダウン　シャネル　アレキサンダー・マックイーン

バカラ　スレンダー　カーサ・プラヤ P23　駐車場　ヴァン・クリーフ＆アーペル　正面入口　SWステーキハウス　ミキモト

シナトラ P23　ハイ・リミット・スロット　ミズミ　レイク・オブ・ドリーム P41　ロレックス　プラダ　ジバンシー　クロエ　ブリオーニ

フロントデスク　ストリップ　ファッションショーへ

カジノ　レストラン　ショッピング

おすすめ PickUp！

🍴 カーサ・プラヤ　アンコール1階
Casa Playa

本格的なメキシコ料理が食べられるレストラン。メインコースでは和牛を使用するなど、伝統的なメキシコ料理に創造性をプラスした料理が食べられる。

DATA　☎ (702)770-5340　⏰17時30分～22時30分(金・土曜は～23時)　休月・火曜

🍴 シナトラ　アンコール1階
Sinatra

古典とモダンを融合させたイタリア料理店。スティーブ・ウィン氏と親交のあったフランク・シナトラ氏にちなんだインテリアにも注目。

DATA ☎ (702)770-5320　⏰17時30分～22時(金・土曜は～22時30分)　休なし

🎵 エックスエス　アンコール1階
XS

DJブースに1万4000ものLEDライトをあしらうなど豪華絢爛。プールサイドのカバナ席もおすすめ。

DATA ☎ (702)770-0097　⏰金・土曜22時～翌4時　休月～木曜　男性$30～、女性$20～(カバーチャージ)

🍴 レッド8　ウィン1階
Red 8

広東麺や点心、香港スタイルのバーベキューなど中国料理を中心としたアジア料理が食べられるレストラン。鮮やかな赤で彩られた店内も魅力。

DATA　☎ (702)770-3380　⏰11時30分～22時(金・土曜は～24時)　休なし

🍴 ウィング・レイ　ウィン1階
Wing Lei

北米で初めてミシュランの星を獲得した中国料理店。フォーブス・トラベルガイドの5ツ星も受賞。広東料理、上海料理、四川料理を提供。

DATA ☎ (702)770-3388　⏰17時30分～22時(金・土曜は～22時30分)　休火・水曜

🛍 ウィン・エスプラネード　ウィン1階
Wynn Esplanade

ルイ・ヴィトンやシャネルなど18店が並ぶショッピングアーケード。ウィンとアンコールの間にはアンコール・エスプラネードがある。

DATA ☎ (702)770-7000　⏰10～23時　休なし

静かなステイ先でホテルライフを満喫
ノンゲーミングホテル

快適なステイを求めるなら、エンタメ性より
居住性を重視したホテルがおすすめ。
カジノの喧騒から離れて、のんびりリゾート気分を味わおう。

【ノンゲーミングホテル】とは?
カジノを併設していないホテルのこと。サービスのクオリティが高く、リラックスできるため、近年需要が高まっている。また一般的なカジノホテルは、レセプションや客室へはカジノを通るように設計されており、チェックインにとても時間がかかる。そのストレスがないだけでも、ノンゲーミングホテルに泊まる価値はある。

フォーコーナー周辺 | **MAP P114A2**

ウォルドーフ・アストリア
Waldorf Astoria Las Vegas

オリエンタルな雰囲気が心地よいヒルトングループの上級ホテル。チェックインは眺めのよい23階のロビーで。ストリップの中心、シティセンターに位置しティーモバイル・アリーナなどのイベント会場やベラッジオの噴水までも徒歩圏内。宿泊客は先着順にホテルから2マイル以内のストリップまで送り届けてくれる「ハウスカー」サービスの利用ができる。

DATA ⊗フォーコーナーから徒歩20分 ⊕3752 Las Vegas Blvd. S. ☎(702)590-8888 ⊕チェックイン／アウト16時／11時 ⊛スタンダード$232～、スイート$524～ 〈客室数〉392室 ⊔www.waldorfastorialasvegas.com

広々とした館内スパでおもいきりくつろげる

23階にあるティーラウンジからの眺めは抜群

床から天井までの大きな窓があるキング・ルーム

シティセンターの一角に立つスタイリッシュな建物

Check List
- ☐ ショー
- ☑ プール
- ☑ スパ
- ☑ スリッパ
- ☑ 歯ブラシ
- ☑ ミニバー／冷蔵庫
- ☑ バスタブ
- ☑ 客室無料WiFi

ストリップ北 | **MAP P115A2**

トランプ・インターナショナル・ホテル＆タワー
Trump® International Hotel Las Vegas

光り輝く超高層タワーホテル

不動産王、ドナルド・トランプ氏が手がけた64階建てのコンドミニアム型ホテル。外観はド派手なゴールドだが、客室はベージュを基調にしたシックな内装。スタジオタイプから3ベッドルームまであり、すべての客室にリビングとキッチンが付いている。プールもスパもあり、静かに滞在したい人にぴったり。

DATA ⊗フォーコーナーから車で5分 ⊕2000 Fashion Show Dr. ☎(702)982-0000 ⊕チェックイン／アウト15時／11時 ⊛スーペリア・ルーム$129～、1ベッドルーム・スイート$219～ 〈客室数〉1282室 ⊔www.trumphotelcollection.com/las-vegas

Check List
- ☐ ショー
- ☑ プール
- ☑ スパ
- ☑ スリッパ
- ☐ 歯ブラシ
- ☑ ミニバー／冷蔵庫
- ☑ バスタブ
- ☑ 客室無料WiFi

"TRUMP"の文字が頭上に輝く

最高の景色が眺められる最上階のペントハウス

フォーシーズンズ
Four Seasons Hotel Las Vegas

ストリップ南　MAP P114A4

静かなプライベート空間で眺望を満喫

ストリップのド真ん中に立つ高級ホテル。23階にあるレセプションへ行くと、眼下に広がる景色にまずため息が出る。木目調の上品なインテリアで統一された客室には、大きめのバスタブやロクシタンのバスアメニティを備えるなど、すみずみにまで究極の居心地のよさを感じられる。砂漠の平穏を感じるスパも見逃せない。

DATA ⊗フォーコーナーから車で8分 ⊕3960 Las Vegas Blvd. S. ☎(702)632-5000 ⊛〈チェックイン／アウト〉15時／12時 ㉅スタンダード$340〜、スイート$1151〜 〈客室数〉424室 URL www.fourseasons.com/lasvegas

Check List
- □ ショー
- ☑ プール
- ☑ スパ
- ☑ スリッパ
- □ 歯ブラシ
- ☑ ミニバー／冷蔵庫
- ☑ バスタブ
- ☑ 客室無料WiFi

長さ約30mの宿泊者専用プール。ジャクジーもある

POINT
隣接するマンダレイ・ベイのプールも無料で利用可能。フォーシーズンズのプールは宿泊者専用のため、マンダレイ・ベイからはアクセスできない。

落ち着いたトーンのモダンな家具を配した客室
砂漠の平穏からインスピレーションを受けたスパ

ヴィダラ・ホテル & スパ
Vdara Hotel & Spa

フォーコーナー周辺　MAP P114A1　MGM

全室キッチン付きの滞在型リゾート

ストリップから450m奥まった場所に立つ57階建ての超高層ホテル。全室スイートで、最も狭いタイプの客室でも54㎡あり、フル装備のキッチンとリビングが備わる。また、リビングとベッドルームの両方にテレビがあり、大きな窓からの眺望は抜群。全館禁煙の環境に配慮した空間で、暮らすように滞在できる。

POINT
キッチンには電子レンジ、IHクッキングヒーター、冷蔵庫などを完備。鍋や食器類はレンタルできる。

Check List
- □ ショー
- ☑ プール
- ☑ スパ
- ☑ スリッパ
- □ 歯ブラシ
- ☑ ミニバー／冷蔵庫
- ☑ バスタブ
- ☑ 客室無料WiFi

DATA ⊗フォーコーナーから徒歩15分 ⊕2600 W. Harmon Ave. ☎(702)590-2111 ⊛〈チェックイン／アウト〉15時／11時 ㉅スイート$109〜 〈客室数〉1495室 URL www.vdara.com

最大6名まで宿泊できるホスピタリティ・スイート
グループでの長期滞在におすすめ

プールからはスタイリッシュな高層ビルを見上げる

自然派プロダクツにこだわるスパも好評

4000名以上収容できる円形劇場コロセウム

Zoom up!
古代ローマの建築群
中庭のプール、ガーデン・オブ・ゴッズもローマ風

ホテルがまるごとアトラクション
コンセプトホテル

ラスベガスでは、テーマをもつホテル自体が最大の観光スポット。なかでも、こだわりが半端じゃない個性的なホテルをご紹介。

庭園の噴水には、サモトラケのニケのレプリカが

フォーコーナー周辺 | MAP P115A4

シーザース ・ 古代ローマ

シーザース・パレス
Caesars Palace

一等地に君臨する古代ローマ宮殿

約半世紀の歴史をもつ老舗ホテル。エントランス前の庭園やカエサルの像、宮殿風の建物に古代ローマ帝国の威厳が感じられる。館内には5棟のタワーとノブホテル（→P35）があり、アウグストゥスタワーの客室からはベラッジオの噴水ショーが眺められる。フォーラム・ショップス（→P56）に直結しているのも魅力。

DATA ⊗フォーコーナーから徒歩1分
⊕3570 Las Vegas Blvd. S. ☎(702)731-7110 ⑮〈チェックイン／アウト〉16時／11時 ㉠スタンダード$99〜、スイート$232〜 〈客室数〉3960室 URL www.caesarspalace.com

☆POINT
快適さを求めるならオクタヴィアスタワーがおすすめ。専用ロビーでチェックインができるため、カジノを通らずに客室へ行くことができる。

Check List
- ☑ ショー
- ☑ プール
- ☑ スパ
- ☐ スリッパ
- ☐ 歯ブラシ
- ☑ ミニバー／冷蔵庫（一部あり）
- ☑ バスタブ
- ☑ 客室無料WiFi

1. 約60㎡の広々としたオーガスタス・プレミアム・ルーム
2. ローマ建築をイメージしたゴージャスなレセプション

ストリップ北 | MAP P115A3 | MGM

ミラージュ
The Mirage

トロピカルムード満載の南国リゾート

ポリネシア

1989年にオープンした、コンセプトホテルの先駆け。熱帯植物が生い茂るアトリウムや、熱帯魚が泳ぐフロント脇の巨大水槽など、南国の楽園ポリネシアをテーマにしている。ジャングル風のプールなどもあり、エンタメ度もバツグン。 炎が噴き上がる火山噴火（→P41）も必見。2022年に運営会社が「ハードロック」に変更。

DATA ⊗フォーコーナーから徒歩15分
⊕3400 Las Vegas Blvd. S. ☎(800)374-9000 ⑮〈チェックイン／アウト〉15時／11時 ㉠スタンダード$209〜、スイート$434〜〈客室数〉3044室 URL www.mirage.com

落ち着いた配色でまとめられたストリップビュー・クイーン

☆POINT
TIとの間に無料のトラムが運行されている。乗り場は正面入口の車寄せの端にある。隣の建物でも距離があるので上手に利用しよう。

Check List
- ☑ ショー
- ☑ プール
- ☑ スパ
- ☐ スリッパ
- ☐ 歯ブラシ
- ☑ ミニバー／冷蔵庫（一部あり）
- ☑ バスタブ
- ☑ 客室無料WiFi

ホテルの前の池で火山噴火が行われる

Zoom up!
熱帯ジャングル

一年中、熱帯植物であふれるアトリウム

巨大水槽には1000種類もの海の生物がいる

パリス
Paris Las Vegas

フォーコーナー周辺　MAP P114B1　シーザース　パリ

Zoom up!
パリの名所
エッフェル塔
右奥のホテル棟は
パリ市庁舎がモデル

パリの観光名所が砂漠の街に出現

ひと目でわかるこのホテルのテーマは、パリ。エッフェル塔や凱旋門、オペラ座などの建築物が集約されており、特にライトアップされた夜景はすばらしい。パリの街並みを再現したカジノフロアや、石畳風のショッピングアーケードにもパリのエスプリがあふれている。

Check List
- ☑ ショー
- ☑ プール
- ☑ スパ
- ☐ スリッパ
- ☐ 歯ブラシ
- ☑ ミニバー／冷蔵庫（一部あり）
- ☑ バスタブ
- ☑ 客室無料WiFi

1.温かい色合いのブルゴーニュ・キング・ルームが見える　2.エレガントできらびやかなロビーフロア

POINT
ストリップ側の部屋からは、ベラッジオの噴水ショーが見える。ただし、低層階だとエッフェル塔が邪魔になって見えにくいことも。

DATA　⊗フォーコーナーから徒歩5分　⊕3655 Las Vegas Blvd. S.　☎(877)796-2096　時〈チェックイン／アウト〉16時／11時　料スタンダード$199〜、スイート$449〜　〈客室数〉2916室　URL www.parislasvegas.com

---

マンダレイ・ベイ＆デラーノ・ラスベガス
Mandalay Bay & Delano Las Vegas

ストリップ南　MAP P114A4　MGM

Check List
- ☑ ショー
- ☑ プール
- ☑ スパ
- ☐ スリッパ
- ☑ 歯ブラシ
- ☑ ミニバー／冷蔵庫
- ☑ バスタブ
- ☑ 客室無料WiFi

Zoom up!
ビーチ
2700tもの砂を敷き詰めた人工ビーチのプール

アジアの楽園　アジアンリゾート

ヤシの木に囲まれたプールゾーンが自慢のメガリゾートで、デラーノはマンダレイ・ベイの全室スイートホテル。本物の砂で造ったビーチと波のプール、流れるプール以外に、2つのプール、ジャクジーなどを備える。館内には各国料理のレストランも揃う。

DATA　⊗フォーコーナーから車で7分　⊕3950 Las Vegas Blvd. S.　☎(702)632-7777　時〈チェックイン／アウト〉15時／11時　料スタンダード$80〜、スイート$149〜　〈客室数〉4326室　URL www.mandalaybay.com

1.バスタブ付きの広い浴室も魅力のエリート・スイート　2.水族館「シャーク・リーフ」も併設。時10〜20時　料$29〜

POINT
ストリップの中心地からはやや離れているが、隣接するルクソール、エクスカリバーとは無料トラムで行き来することができる。

ニューヨーク・ニューヨーク
New York New York Hotel & Casino

ストリップ南　MAP P114A2　MGM

POINT
カジノフロアもセントラルパークやウォール街をイメージした造り。2階には子ども向けのゲームセンターもある（10〜23時、金〜日曜は〜24時）。

ひと昔前のニューヨークへタイムスリップ

1930〜40年代のニューヨークがテーマ。約1/2サイズの自由の女神を筆頭に、グランドセントラル駅、証券取引所など、マンハッタンの歴史的建物が背後にそびえる。ホテル内にもニューヨークの街並みが再現され、ノスタルジックな雰囲気のなかで食事やカジノを楽しめる。

Check List
- ☑ ショー
- ☑ プール
- ☑ スパ
- ☑ スリッパ
- ☐ 歯ブラシ
- ☐ ミニバー／冷蔵庫
- ☑ バスタブ
- ☑ 客室無料WiFi

ニューヨーク

マンハッタンのビルを走るビッグ・アップル・コースター（P43）

Zoom up!
自由の女神＆摩天楼

1.バスタブがクローバー形のスパ・スイート
2.リトルイタリーなどをイメージしたフードコート

DATA　⊗フォーコーナーから徒歩20分　⊕3790 Las Vegas Blvd. S.　☎(866)815-4365　時〈チェックイン／アウト〉15時／11時　料スタンダード$65〜、スイート$125〜　〈客室数〉2024室　URL www.newyorknewyork.com

オープン当初から注目の的

話題のホテルで最先端ステイ

変化し続けるラスベガスの街には、ここ数年で新しいコンセプトのホテルが続々誕生している。リピーターも注目する新趣向のホテルをチェック！

ロビー・バーではミクソロジー・カクテルを取り揃える

POINT

屋上にはプール付きのナイトクラブがあり、宿泊者は昼間はプールとして利用できる。対岸のベラッジオの噴水ショーも一望。

フォーコーナー周辺 | MAP P115A4

シーザース

クロムウェル
The Cromwell

話題の高級ブティックホテル

ストリップの一等地にオープンしたカジノホテル。カリスマシェフのレストラン「ジャーダ」（→P48）やプール付きのナイトクラブなど、大通りやベラッジオの噴水ショー（→P41）を望む絶景ポイントが各所にある。188室の客室数はラスベガスにしては小規模だが、その分サービスの質の高さに力を入れている。

DATA ⊗フォーコーナーから徒歩1分
⊕3595 Las Vegas Blvd. S. ☎（702）777-3777 時〈チェックイン／アウト〉16時／11時 料スタンダード$74～、スイート$134～〈客室数〉188室
URL www.caesars.com/cromwell

Check List
- ☐ ショー
- ☑ プール
- ☐ スパ
- ☐ スリッパ
- ☐ 歯ブラシ
- ☑ ミニバー／冷蔵庫
- ☑ バスタブ
- ☑ 客室無料WiFi

ゴージャスなドレイズ・ナイトクラブ

パリのアパルトマンをイメージした内装のラグジュアリー・キング

フォーコーナーの一角にこぢんまりと立つ

ストリップ北 | MAP P116B3

フォンテーヌブロー
Fontainebleu Las Vegas

多彩な設備を誇る高級リゾート

2023年12月にオープン予定の約3700の客室をもつ大型リゾート。地上67階建てで、高層階の客室からはラスベガスの街並みを一望できる。柱のない広々としたボールルームや3800名まで収容できるシアター、カジノなど設備も充実。プールやスパでリフレッシュするのもよい。

DATA ⊗フォーコーナーから車で6分 ⊕2777 S Las Vegas Blvd. ☎未定 時未定 料未定〈客室数〉3644室 URL www.fontainebleaulasvegas.com/

Check List
- ☑ ショー
- ☑ プール
- ☑ スパ
- ☐ スリッパ
- ☐ 歯ブラシ
- ☑ ミニバー／冷蔵庫（一部あり）
- ☑ バスタブ
- ☑ 客室無料WiFi

POINT

日差しが降り注ぐ広々としたプールサイドでの日光浴は、時間が経つのを忘れてしまいそう。

ストリップの北端に位置。超高層の建物がひときわ目を引く

1. 床から天井までの大きな窓でラスベガスの景色を楽しもう 2. 開放感のあるボールルーム

フォーコーナー周辺 **MAP P114A2** **MGM**

アリア・リゾート＆カジノ
Aria Resort & Casino

ハイグレードな最先端のカジノホテル

曲線を描く2つのホテルタワーが印象的な大型リゾート。すべての客室に、カーテンの開閉、照明、テレビ、音楽、エアコンなどをベッドサイドでワンタッチ操作できるパネルを導入するなど、最上級の快適さを追求する一方で、環境への配慮も徹底している。ショッピングモールのクリスタルズ（→P57）に隣接。

DATA ⊗フォーコーナーから徒歩10分 ⊕3730 Las Vegas Blvd. S. ☎(702)590-7111 ⊕〈チェックイン／アウト〉15時／11時 ⊕スタンダード$139～、スイート$214～〈客室数〉4004室 URL www.aria.com

Check List
- ☑ ショー
- ☑ プール
- ☑ スパ
- ☑ スリッパ
- ☐ 歯ブラシ
- ☑ ミニバー／冷蔵庫（一部あり）
- ☑ バスタブ
- ☑ 客室無料WiFi

POINT 天井が高く、明るく開放的なロビー

床節電、節水、自然光を多く取り入れるなど、エコフレンドリーへのこだわりが随所にみられる。天然ガスを搭載した世界初のリムジンも。

1. 著名建築事務所が手がけた都会的な建物 2. 壁中にピンクソルトを埋め込んだスパサロンのシオソルトルーム 3. ロビーにあるマヤ・リンの作品『シルバー・リバー』は、砂漠を流れるコロラド川をイメージ 4. 駐車場入口付近のロビーには、現代彫刻家トニー・クラッグのステンレス製の作品が

---

1. クールで洗練された雰囲気の外観 2. プールサイドにはのんびり過ごせるソファも 3. モダンでおしゃれな雰囲気のロビー

シックなデザインのデラックス・キング・ルーム

ストリップ北 **MAP P117A3**

イングリッシュ・ホテル
The English Hotel

Check List
- ☐ ショー
- ☑ プール
- ☐ スパ
- ☐ スリッパ
- ☐ 歯ブラシ
- ☑ ミニバー／冷蔵庫
- ☐ バスタブ
- ☑ 客室無料WiFi

料理が話題のブティックホテル

敏腕シェフとして有名なトッド・イングリッシュ氏の名を冠したホテル。21歳以上の大人を対象としており、クールでスタイリッシュな造り。トッド氏が手がけるレストランThe Pepper Clubでは、青く光るライトが醸し出すおしゃれな雰囲気のなか、独創的な日本料理を楽しむことができる。

DATA ⊗フォーコーナーから車で6分 ⊕921 S Main St. ☎(725)444-6835 ⊕〈チェックイン／アウト〉16時／12時 ⊕シングル$199～、ツイン$350～、ダブル$199～（シーズン・空き状況により異なる場合あり）〈客室数〉74室 URL https://theenglishhotel.com/

POINT

寿司バーを備えた高級感あふれるダイニングのザ・ペッパー・クラブでは、新鮮な鯛や金目鯛の寿司や刺身も味わえる。

手軽さ&親しみやすさは天下一品！

人気のカジュアルホテル

レストランからエンタメまで何でも揃うのに、お値段は手頃。
そんな老若男女に支持される、カジュアルな雰囲気のホテルをご紹介。

上質なアート作品が飾られて
いるパークMGM・キング

モナコ
スタイルに
注目！

1. プールサイドにある
洗練されたガバナ
2. グリーンを基調とし
たプール 3. Nomadホ
テルが上層階を占める

| ストリップ南 | MAP P114A2 | MGM |

パークMGM
Park MGM

装い新しくよりエレガントに
2018年4月、老舗ホテルのモンテカ
ルロから改装、一新したモダンなホ
テル。世界の有名ミュージシャンが
公演を行う劇場ドルビーライブのほ
か、カジノやショップ、プールなど
の施設も充実。ストリップの中心に
あり抜群のロケーションも魅力。

Check List
- ☑ ショー
- ☑ プール
- ☑ スパ
- ☐ スリッパ
- ☐ 歯ブラシ
- ☐ ミニバー／冷蔵庫
- ☑ バスタブ
- ☑ 客室無料WiFi

DATA ⊗フォーコーナーから徒歩20分 ⊛
3770 Las Vegas Blvd. S. ☎(702)730-
7777 ⊕〈チェックイン／アウト〉15時／11時
⊕スタンダード$69〜、スイート$149〜 〈客室
数〉2700室 URL www.parkmgm.com

| フォーコーナー周辺 | MAP P114A1 | シーザース |

プラネット・ハリウッド・リゾート＆カジノ
Planet Hollywood Resort & Casino

華やかなハリウッド映画がテーマ
客室には映画にまつわる写
真や撮影で使用した小道具
などが飾られており、映画
好きにはたまらない。ロケ
に使われることも多いカジ
ノは若者に人気だ。エッフ
ェル塔や噴水など観光スポ
ットにも近い。

Check List
- ☑ ショー
- ☑ プール
- ☑ スパ
- ☐ スリッパ
- ☐ 歯ブラシ
- ☐ ミニバー／冷蔵庫
- ☑ バスタブ
- ☑ 客室無料WiFi

メモラビリアに
注目！

1. エントランスのド派手なネオンが目を引く
2. 客室ごとに異なる映画のテーマで統一 3. ポー
カーで遊ぶには最高のカジノの一つとされている
DATA ⊗フォーコーナーから徒歩8分 ⊛3667
Las Vegas Blvd. S. ☎(866)919-7472 ⊕ス
タンダード$38〜、スイート$380〜 〈客室数〉
2567室 ⊕〈チェックイン／アウト〉16時／11時
URL www.planethollywoodresort.com

1. 奥行きが広く、
巨大なスペースを所
有する 2. ゆった
りとくつろげるグラ
ンドキングルーム

| ストリップ南 | MAP P114A3 | MGM |

MGM グランド
MGM Grand Hotel & Casino

ライオン像に
注目！

高さ13.7mのブロンズのラ
イオン像が交差点に立つ

世界最大規模の巨大リゾート
16の客室タイプを備えるホテル棟のほか、コ
ンドミニアムホテルも隣接。カリスマシェフ
の店をはじめ、ナイトクラブを併設したモダ
ン・チャイニーズのハッカサンなど話題のレ
ストランも多く、エンタメも充実。

Check List
- ☑ ショー
- ☑ プール
- ☑ スパ
- ☐ スリッパ
- ☐ 歯ブラシ
- ☑ ミニバー／冷蔵庫
- ☑ バスタブ
- ☑ 客室無料WiFi

DATA ⊗フォーコーナーから徒歩20分 ⊛3799 Las
Vegas Blvd. S. ☎(702)891-1111 ⊕〈チェックイン／
アウト〉15時／11時 ⊕スタンダード$149〜、スイート$229
〜 〈客室数〉5044室 URL www.mgmgrand.com

シーザース

フラミンゴ・ラスベガス

Flamingo Las Vegas Hotel & Casino

フォーコーナー周辺 MAP P115A4

フラミンゴに注目!

ラスベガスの歴史を伝える老舗

伝説のマフィア、バグジーが1946年に創設し、ストリップ発展のきっかけとなったホテル。カリブ海のリゾートをテーマにした中庭には、ヤシの木に囲まれたプールがあり、フラミンゴなど60種類もの鳥が生息。

Check List
- ☑ ショー
- ☑ プール
- ☑ スパ
- ☐ スリッパ
- ☐ 歯ブラシ
- ☐ ミニバー／冷蔵庫
- ☑ バスタブ
- ☑ 客室無料WiFi

DATA ⊗フォーコーナーから徒歩3分 ⊕3555 Las Vegas Blvd. S. ☎(702)733-3111 ⊕〈チェックイン／アウト〉16時／11時 ⊕スタンダード$29〜、スイート$95〜 〈客室数〉3460室 URL www.flamingolasvegas.com

1.ラスベガスの象徴的なピンクのネオンサインは記念撮影必須のスポット 2.フラミンゴグッズがずらりと揃うショップでおみやげを 3.フラミンゴが生息する「ワイルドライフ・ハビタット」は入場無料

プールに注目!

1.バスタブ装備のカップルルームも人気のスパ 2.真っ白な建物にも南国リゾートの雰囲気が 3.豪華プールの草分け。丘の上のチャペルも人気

ストリップ南 MAP P114A3

トロピカーナ

Tropicana Las Vegas

南国ムード満点の砂漠のオアシス

1957年に誕生した老舗ホテルが大改装をして一新。パラダイスタワーの客室はストリップの夜景が楽しめ、クラブタワーからは中庭や空港が一望できる。自慢は熱帯植物に囲まれたプール。プレーヤーが水に浸かりながら遊べる、水上ブラックジャックが人気だ。

Check List
- ☑ ショー
- ☑ プール
- ☑ スパ
- ☐ スリッパ
- ☑ 歯ブラシ
- ☑ ミニバー／冷蔵庫
- ☑ バスタブ
- ☑ 客室無料WiFi

DATA ⊗フォーコーナーから車で6分 ⊕3801 Las Vegas Blvd. S. ☎(702)739-2222 ⊕〈チェックイン／アウト〉15時／12時 ⊕スタンダード$59〜、スイート$154〜 〈客室数〉1470室 URL www.troplv.com

シーザース

ホースシュー

Horseshoe Las Vegas

フォーコーナー周辺 MAP P114B1

コスパの高さで人気の穴場ホテル

ラスベガスの大通りにある便利なロケーション。映画に出てくるようなアメリカらしいクラシックスタイルのホテルを楽しむのにおすすめ。敷地内の施設はもちろん、界隈に数多くあるショッピングやレストランも徒歩圏内で便利。

DATA ⊗フォーコーナーから徒歩2分 ⊕3645 Las Vegas Blvd. S. ☎(877)603-4390 ⊕〈チェックイン／アウト〉16時／11時 ⊕スタンダード$31〜、スイート$60〜 〈客室数〉2812室 URL www.caesars.com/horseshoe-las-vegas

最高の立地に注目!

Check List
- ☑ ショー
- ☑ プール
- ☑ スパ
- ☐ スリッパ
- ☐ 歯ブラシ
- ☑ ミニバー／冷蔵庫
- ☐ バスタブ
- ☑ 客室無料WiFi

1.フォーコーナーの一角に立つ 2.緑の芝生が気持ちよいプールサイドにはヤシの木もある 3.改装済みのリゾート・ルームは約41㎡で広々

古代
エジプト建築に
注目！

MGM

ストリップ
南

MAP
P114A3

ルクソール
Luxor

世界初のピラミッド型ホテル

飛行機からも見える漆黒のピラミッドとスフィンクスがこのホテルの象徴。巨大ピラミッドの1階がカジノ、2階がショッピング＆アトラクション、6階以上の客室は壁も窓も斜めの不思議な造りになっている。

DATA ✈フォーコーナーから車で6分 🏠3900 Las Vegas Blvd. S. ☎(702)262-4000 🕐〈チェックイン／アウト〉15時／11時 💰スタンダード$37〜、スイート$94〜 〈客室数〉4400室 🔗www.luxor.com

Check List
☑ ショー
☑ プール
☑ スパ
☐ スリッパ
☐ 歯ブラシ
☐ ミニバー／冷蔵庫(一部あり)
☑ バスタブ
☑ 客室無料WiFi

1.ピラミッドの高さは100m以上。エレベーターも斜めに設置 2.よく見るとユーモラスなスフィンクス 3.ピラミッドの壁沿いに客室が並び、内側は吹き抜けの空間 4.ピラミッド・キング・ルームは斜めの窓が特徴

カジノに
注目！

Check List
☑ ショー
☑ プール
☑ スパ
☐ スリッパ
☐ 歯ブラシ
☑ ミニバー／冷蔵庫
☑ バスタブ
☑ 客室無料WiFi

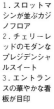

1.スロットマシンが並ぶカジノフロア
2.チェリーレッドのモダンなプレジデンシャルスイート
3.エントランスの華やかな看板が目印

フォーコーナー周辺

MAP
P115A4

シーザース

ハラーズ
Harrah's Las Vegas

好ロケーションのカジノホテル

近隣のベネチアン(→P20)やミラージュ(→P26)よりも庶民的で宿泊料金もリーズナブルなため、カジノを中心に活気にあふれている。周辺にはザ・リンク・プロムナード(→P58)をはじめ、みどころも多く、モノレール駅もあるので観光の拠点としても便利。

DATA ✈フォーコーナーから徒歩8分 🏠3475 Las Vegas Blvd. S. ☎(800)214-9110 🕐〈チェックイン／アウト〉16時／11時 💰スタンダード$32〜、スイート$125〜 〈客室数〉2526室 🔗www.harrahslasvegas.com

---

ストリップ
北

MAP
P116A3

サーカス・サーカス
Circus Circus

ファミリー向けアトラクションが充実

大きなピエロの看板が目印。無料のサーカスショーやゲームアーケード、北米最大規模の屋内遊園地アドベンチャードーム(→P43)を併設するなど、子どもから大人まで楽しめる施設が揃う。3つのタワーのほか、ロッジやRVパークなど、客室タイプも多彩。

DATA ✈フォーコーナーから車で7分 🏠2880 Las Vegas Blvd. S. ☎(800)634-3450 🕐〈チェックイン／アウト〉15時／11時 💰スタンダード$24〜 〈客室数〉3767室 🔗www.circuscircus.com

サーカステントのような外観が特徴的

Check List
☑ ショー
☑ プール
☑ スパ
☐ スリッパ
☐ 歯ブラシ
☐ ミニバー／冷蔵庫
☑ バスタブ
☐ 客室無料WiFi

サーカスに
注目！

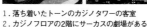

1.落ち着いたトーンのカジノタワーの客室
2.カジノフロアの2階にサーカスの劇場がある

ストリップ 南 MAP P114A3 MGM

エクスカリバー
Excalibur Hotel & Casino

現実世界を離れてファンタジーの世界へ

5〜6世紀ごろの伝説的な英国王、アーサー王の時代をテーマにした、おとぎの国のようなホテル。内部はクラシカルなシャンデリアに覆われた豪華な雰囲気で、2階は20軒ほどのショップやレストランが並ぶ。

DATA ⊗フォーコーナーから車で6分 ⊕3850 Las Vegas Blvd. S. ☎(877)750-5464 ⊛〈チェックイン／アウト〉15時／11時 ㊅スタンダード$29〜・スイート$129〜 〈客室数〉3988室 URL www.excalibur.com

1．4名まで宿泊できるクラシックな客室、リゾート・タワー・クイーン・ルーム 2．スポーツの試合を大スクリーンで観戦するスポーツブック。サッカープレミアリーグや野球のワールドシリーズも対象

Check List
- ☑ ショー
- ☑ プール
- ☑ スパ
- ☐ スリッパ
- ☐ 歯ブラシ
- ☑ ミニバー／冷蔵庫（一部あり）
- ☑ バスタブ
- ☑ 客室無料WiFi

外観に注目！
遊園地のお城のような外観に気分が盛り上がる

1

フォーコーナー周辺 MAP P115A4 シーザース

リンク・ホテル＋エクスペリエンス
The Linq Hotel + Experience

Check List
- ☑ ショー
- ☑ プール
- ☑ スパ
- ☐ スリッパ
- ☐ 歯ブラシ
- ☑ ミニバー／冷蔵庫
- ☑ バスタブ
- ☑ 客室無料WiFi

アクティビティを楽しむなら

世界最大級の観覧車ハイローラー、12階の高さから空を飛ぶようなジップライン体験とショッピング、ダイニング、エンターテインメントが盛りだくさんのホテル。開業以来ラスベガスの新しい娯楽の中心地となっている。チェックインはすべて自動。

DATA ⊗フォーコーナーから徒歩6分 ⊕3535 Las Vegas Blvd. S. ☎(800)634-6441 ⊛〈チェックイン／アウト〉16時／11時 ㊅スタンダード$31〜・スイート$55〜〈客室数〉2253室 URL TheLINQ.com

1．コの字型のホテル棟は20階建てのモダンなたたずまいでリンクプロムナードに隣接している 2．明るくモダンな家具とポップな彩りのデラックス・ルーム

アトラクションに注目！
名物のジップライン

ストリップ 南 MAP P114B3

OYO ホテル＆カジノ
OYO Hotel & Casino Las Vegas

おでかけには絶好のロケーション

ストリップの南側に位置し、徒歩でもモノレールでも移動が便利。群衆から一歩離れてゆったりとラスベガスならではのカジノやアメリカらしいカジュアルな食体験、エンターテインメントやホテルライフを存分に味わえる。併設のフーターズレストランはチアをイメージしたスタッフが有名。

DATA ⊗フォーコーナーから車で6分 ⊕115 E. Tropicana Ave. ☎(866)584-6687 ⊛〈チェックイン／アウト〉16時／11時 ㊅スタンダード$29〜 〈客室数〉657室 URL https://www.oyolasvegas.com/

Check List
- ☑ ショー
- ☑ プール
- ☑ スパ
- ☐ スリッパ
- ☐ 歯ブラシ
- ☐ ミニバー／冷蔵庫
- ☑ バスタブ
- ☑ 客室無料WiFi

1．フーターズガールズがおそろいのユニフォームで出迎える明るくて賑やかなレストラン 2．カジノは$1から遊べる気軽さをポリシーにフレンドリーな雰囲気で遊びやすいと評判だ 3．ストリップの南に位置。さまざまな場所へ徒歩で出かけられるのでロケーションは抜群

レストランに注目！

プールに注目！

1．アレクサンドリア・キング・スイート。
ゴージャスな部屋で広いバスルームに豪華アメニティ。チェックインは特別カウンターで　2．高額賭け金専用のインフィニティラウンジ。ラスベガスならではのVIPサービスも　3．ルーフトップブールは宿泊者オンリー。大画面でスポーツ観戦できるウルトラプールもある

ストリップ北 ｜ MAP P116B3

サハラ
SAHARA Las Vegas

洗練とモダンが融合した大型ホテル

エレガントで洗練されたホテルのコンセプトは、少しだけよりラグジュリアスに、より美味しく、よりエキサイティングに、などすべてにおいて「A Little More」。館内は優雅さにあふれる雰囲気を楽しめる。

DATA ⊗フォーコーナから車で12分 ⊕2535 Las Vegas Blvd. S. ☎(702)761-7000 ⊙〈チェックイン／アウト〉15時／11時 ㊚スタンダード$52〜 〈客室数〉1613室 URL https://www.saharalasvegas.com/

Check List
- ☑ ショー
- ☑ プール
- ☑ スパ
- ☐ スリッパ
- ☐ 歯ブラシ
- ☑ ミニバー／冷蔵庫（一部あり）
- ☑ バスタブ
- ☑ 客室無料WiFi

ストリップの北に位置している。ホテルの看板も一新してスタイリッシュに変身

ベッドに注目！

オフストリップ東 ｜ MAP P113B3

ヴァージン・ホテルズ
Virgin Hotels

おしゃれな館内で充実ライフを
実業家リチャード・ブランソン氏が率いるヴァージン社のホテルがラスベガスに登場。遊び心あふれる館内や客室は小規模ながらも充実している。屋内劇場のほか屋外芝生のエリアやプールでもエンターテインメントショーを開催。

DATA ⊗フォーコーナーから車で6分 ⊕4455 Paradise Rd. ☎(702)693-5000 ⊙〈チェックイン／アウト〉15時／11時 ㊚スタンダード$59〜、スイート$137〜 〈客室数〉1502室 URL https://virginhotelslv.com/

Check List
- ☑ ショー
- ☑ プール
- ☑ スパ
- ☐ スリッパ
- ☐ 歯ブラシ
- ☑ ミニバー／冷蔵庫
- ☐ バスタブ
- ☑ 客室無料WiFi

1．ヴァージン・ホテルズが特許を取得した寝心地のよいベッド。部屋のTVでストリーミングも　2．カッシ・ビーチ・ハウスにはプールサイドの座席も用意。大人数でも楽しめる　3．外観の赤いロゴが目印

オフストリップ西 ｜ MAP P112A2 ｜ シーザース

リオ・オールスイート
Rio All-Suite Hotel & Casino

贅沢気分が味わえる大人のリゾート

フォーコーナーの西側、ストリップからはずれた場所にある、みどころ満載のホテル。全室スイートの客室は充実したアメニティを誇り、眺めもよく料金もリーズナブル。コンセプトはリオのカーニバルとあって、明るく楽しいラテンのノリ。屋外にある4つのプールで思い切り遊ぼう。

DATA ⊗フォーコーナーから車で3分 ⊕3700 W. Flamingo Rd. ☎(866)746-7671 ⊙〈チェックイン／アウト〉16時／11時 ㊚スイート$32〜 〈客室数〉2522室 URL https://www.caesars.com/rio-las-vegas

Check List
- ☑ ショー
- ☑ プール
- ☑ スパ
- ☐ スリッパ
- ☐ 歯ブラシ
- ☑ ミニバー／冷蔵庫
- ☑ バスタブ
- ☑ 客室無料WiFi

客室に注目！

1．青と赤にライトアップされた建物は、ストリップからも際立って見える。2つのタワーから構成されるので、眺望にこだわるなら新館のマスカレード・タワーがおすすめ　2．148㎡のマスカレード・スイートはシックな多色使いで南国をイメージ。独立のリビングダイニングも　3．360度の劇場では水を使ったアクロバティックなショーを公演中

オフストリップ西	MAP P112A2

パームス・カジノ・リゾート
Palms Casino Resort

客室に注目！

洗練されたインテリアが魅力

ラスベガスの中心からやや西側にあるホテルは、長年シリーズ化しているMTVのリアリティーショー番組のロケに使われて以来、若者から大人気だ。映画に出てくるイメージそのままのカジノも魅力。

DATA ⊗フォーコーナから車で4分 ⊕4321 W. Flamingo Rd. ☎(866)752-2236 ⊕〈チェックイン／アウト〉15時／11時 ⊛スタンダード$79〜 〈客室数〉766室 URL https://www.palms.com/

Check List
- ☑ ショー
- ☑ プール
- ☑ スパ
- ☐ スリッパ
- ☐ 歯ブラシ
- ☑ ミニバー／冷蔵庫
- ☐ バスタブ
- ☑ 客室無料WiFi

1. 青を基調にしたスタイリッシュなプール。くつろぎの時間もクールで絵になるひとときに 2. 最上階のスカイビラはプール付きのスイート。客室ごとに特徴があるのも楽しい 3. アイボリータワーとファンタジータワーのほか、パームス・プレイス（写真右）がある。アイボリータワーのカジノへはスカイチューブで移動する

ダウンタウン	MAP P116B2

ザ・ストラット・ホテル・カジノ＆タワー
The STRAT Hotel, Casino & Tower

Check List
- ☑ ショー
- ☑ プール
- ☑ スパ
- ☐ スリッパ
- ☐ 歯ブラシ
- ☑ ミニバー／冷蔵庫
- ☐ バスタブ
- ☑ 客室無料WiFi

展望台とアトラクションでわくわくが止まらない

ラスベガスのどこからでも見える展望施設スカイポッドで知られるホテル。360度回転するレストランやバーのほか絶叫マシンや屋外展望スポットもありスリルを味わえる。2020年に改装していて老舗ながらモダン。

DATA ⊗フォーコーナーから車で10分 ⊕2000 Las Vegas Blvd. S. ☎(800)998-6937 ⊕〈チェックイン／アウト〉15時／11時 ⊛スタンダード$24〜、スイート$74〜 〈客室数〉2427室 URL https://thestrat.com/

アトラクションに注目！

1. 人気絶叫マシーンのビッグショット 2. ラスベガスのランドマークの一つであるスカイポッド 3. 館内には地元アーティストの作品が30点以上飾られている 4. スポーツバーでは数十種類のクラフトビールとパブ料理を提供

フォーコーナー周辺	MAP P115A4	シーザース

ノブホテル
Nobu Hotel at Caesars Palace

和モダンなデザイナーズホテル

シーザース・パレス（→P26）内に位置する。オーナーはスターシェフ、松久信幸氏と俳優のロバート・デ・ニーロ氏。世界最大の「ノブ」レストランを併設し、宿泊者は優先予約が可能。専用ロビーでのスムーズなチェックインも好評だ。

DATA ⊗フォーコーナーから徒歩3分 ⊕3570 Las Vegas Blvd. S. ☎(800)727-4923 ⊛スタンダード$111〜、スイート$1919〜 〈客室数〉181室 ⊕〈チェックイン／アウト〉16時／11時 URL www.nobucaesarspalace.com

Check List
- ☐ ショー
- ☑ プール
- ☑ スパ
- ☑ スリッパ
- ☐ 歯ブラシ
- ☑ ミニバー／冷蔵庫
- ☐ バスタブ
- ☐ 客室無料WiFi

1. 日本の職人技、金継ぎにオマージュをささげたインテリア 2. 劇場「コロッセウム」ではコンサートなどを開催 3. チーク材やストーン・タイルを使ったバスルーム 4. 本格和食も楽しめる

レストランに注目！

バラエティ豊かな超一流エンタメ！

人気のショーおすすめ10＋α

ラスベガスのエンターテインメントの筆頭はショー。
編集部が選んだおすすめ作品をご紹介。

おみやげはこれ
チケットをかたどった
キーホルダー

パパラッチもダンスの
モチーフに登場する

マイケルを見たぞ！
絵ハガキで知らせよう

♪ マイケル・ジャクソン ワン
（マンダレイ・ベイ（→P27） MAP P114A4）
Michael Jackson One

マイケルからの伝言 〝世界は一つ〟
2013年6月の開演から半年で観客動員数
40万人を突破した、シルク・ドゥ・ソレ
イユによるマイケル・ジャクソンのショー。
ヒット曲約30曲を含め、ダンス、プロジ
ェクション・マッピングの映像、帽子の
ジャグリングありと多方面からマイケル
を表現。子ども時代の写真が登場する
シーンでは、思わず涙をそそられる。

鑑賞のPOINT
ホログラムの
マイケルに注目！

ゼロ・グラビティほか、数々の懐かしのダンスに胸キュン

DATA （時木～月曜 19時～、21時30分～
（休火・水曜 （料$69～ ☎(877)632-7400

早わかり
（ジャンル）ミュージック＆ダンス （公演時間）90分
（英語力）不要 （入手困難度）★★★
（初公演）2013年6月

鑑賞のPOINT
オリンピック競技並
みのシンクロが圧巻

水中と空中の演技
に、一瞬たりとも
目が離せない

おみやげはこれ
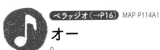

印象的なシーン
をモチーフにし
たトートバッグ

乾いた舞台が一瞬にして570万ℓの水槽に。
その変化にも感動

♪ オー
（ベラッジオ（→P16） MAP P114A1）
O

舞台が水槽に?! 水中と空中の舞
フランス語で "eau"、つまり水を意味す
るショー。舞台が突然巨大な水槽に変
わり、元オリンピック選手などがアー
ティスティックスイミングを披露。シ
ルク・ドゥ・ソレイユらしく空中ブラン
コのシーンも加わり、生と死がテーマ
の作品が夢想的に展開する。

DATA （時水～日曜 19時～、21時30分～
（休月・火曜 （料$79～ ※5歳以上
☎(888)488-7111

早わかり
（ジャンル）パフォーマンス （公演時間）90分
（英語力）不要 （入手困難度）★★★
（初公演）1998年10月

ミラージュ（→P26）／ラブ・シアター　MAP P115A3

ビートルズ・ラブ
Beatles Love

歌詞に合わせたパフォーマンス

『Hey Jude』ほかビートルズのヒット曲に合わせ、360度の円形劇場で繰り広げられるパフォーマンス。シートのサウンドスピーカーから流れてくるのは、アビーロード・スタジオで録音されたオリジナル音源を編集したもの。事前に歌詞をチェックしておくと倍楽しめる。

DATA　時火～土曜 19時～、21時30分～
休日・月曜　料$86～　☎(702)791-7444

シルク・ドゥ・ソレイユのアクロバティックな演技も必見

鑑賞のPOINT
歌詞の意味に沿ったシナリオと演技

早わかり
ジャンル ミュージック＆ダンス
公演時間 90分　英語力 不要
入手困難度 ★★
初公演 2006年6月

フォルクスワーゲンのザ・ビートルがトレードマーク。テーマはラブ＆ピース

ヘッドレストに内蔵されたスピーカーで迫力あるサウンドを体験

鑑賞のPOINT
海底、氷壁、戦場、ジャングルに変わる舞台装置

MGMグランド（→P30）　MAP P114A3

カー
Ka

壮大な舞台装置に圧倒される

平和な王国が邪悪な集団に襲われ、離散した家族や仲間たち。平穏を取り戻すために双子の兄弟は旅に出るのだが、その結末は？
垂直になった舞台装置でのバトルシーンは特に迫力満点。目を見張るシーンが続くシルク・ドゥ・ソレイユの人気ショー。

双子の兄弟が物語をリードしていく。会話はないので英語力は不要

おみやげはこれ

Kaのロゴがおしゃれに入ったペン

早わかり
ジャンル パフォーマンス　公演時間 90分
英語力 不要　入手困難度 ★★★
初公演 2005年2月

DATA　時土～水曜 19時～、21時30分～　休木・金曜
料$69～※3歳以上
☎(866)740-7711

TI／TIシアター　MAP P115A3

ミスティア
Mystere

これぞシルクの真骨頂
アクロバティックな演技

1993年に始まった大ロングランのショー。オリジナル曲を演奏する生バンドの音楽をバックに繰り広げられる、ラスベガス1を誇るアクロバティックな演技に圧倒される。火の鳥やカタツムリなどの登場もあり、ファミリーで楽しめるのも特徴だ。

DATA　時金～火曜 19時～、21時30分～
休水・木曜　料$70～　☎(702)894-7722

始まりとラストには、荘厳な和太鼓も登場する

鑑賞のPOINT
前衛的なコスチュームとアクロバット

早わかり
ジャンル パフォーマンス
公演時間 90分　英語力 不要
入手困難度 ★★★
初公演 1993年12月

衣装にも独特の世界観

ルクソール（→P32）／ブルーマン・シアター　MAP P114A3

ブルーマン・グループ
Blue Man Group

観客もノリノリの前衛パフォーマンス
全身真っ青な男3人組による奇想天外なパフォーマンス。無表情で一言も発しない彼らは独特な楽器でロックを奏で、コミカルな演技を披露。最後は観客もブルーマンと一体化し、ノリノリに。

DATA　㉗17時〜、20時〜　㉁なし
㉖$49〜　※3歳以上　☎(800)557-7428

早わかり

| ジャンル | パフォーマンス・コメディー | 公演時間 | 90分 |
| 英語力 | 不要 | 入手困難度 | ★★ | 初公演 | 2000年3月 |

子どもから大人まで楽しめる内容になっている

ニューヨーク・ニューヨーク（→P27）　MAP P114A2

マッド・アップル
Mad Apple

迫力ある演技とコメディが融合
ニューヨークのワイルドな夜遊びをテーマとしたバラエティショー。空中を舞うアクロバット、音楽、ダンス、マジック、コメディなどをノンストップで繰り広げる。プレショーも楽しめるので、開演30分前までには入場しよう。

DATA　㉗金〜火曜 19時〜、21時30分〜　㉁水・木曜　㉖$25〜　※16歳以上　☎(866)606-7111

大胆でスリリングな技が次々と飛び出す

鑑賞のPOINT
コメディアンなど多彩なキャストに注目

早わかり

ジャンル	パフォーマンス	公演時間	80分
英語力	不要	入手困難度	★★★
初公演	2022年5月

アクロバティックなバスケのパフォーマンスも見もの

照明の使い方
にも注目

鑑賞のPOINT
ハイレベルな照明や音楽

きらびやかな衣装も美しい

ウィン・ラスベガス（→P22）／アウェイクニングシアター　MAP P115B2

アウェイクニング
Awakening

華やかな光と音楽で物語の世界を表現
2023年6月にリニューアル。美しいヒロインが2人の仲間とともに冒険の旅を繰り広げる物語。大型LEDスクリーンを組み込んだ360度シアターにより、どの席からも迫力ある舞台が見られる。ダンスやアクロバット、エアリアルなどで構成されている。

DATA　㉗日・月曜19時〜、火・金・土曜19時〜、21時30分〜　㉁水・木曜　㉖$99〜
☎(702)770-9966

早わかり

ジャンル	パフォーマンス	公演時間	75分
英語力	不要（英語のナレーションもあり）
入手困難度	★	初公演	2022年11月

アクロバティックな
技が繰り出される

躍動感溢れるステージ

♪ **WOW**
WOW

リオ・オールスイート（→P34） MAP P112A2

水の演出が楽しい華麗なステージ

水を使った仕掛けが印象的な人気ショー。華やかなアクロバットや魅惑的なダンス、ジャグリングと、3Dマッピングやホログラムが融合。30人以上の世界的パフォーマーが織りなす躍動的なステージから目が離せない。

DATA 時休週により異なるためWeb
(WOW-Vegas.com)で確認 料\$53～※5
歳以上 ☎ (702)777-7776

早わかり

ジャンル パフォーマンス　公演時間 75分
英語力 不要　入手困難度 ★★
初公演 2017年9月

鑑賞のPOINT
レベルの高い技と
映像の融合

派手な演出にも注目

♪ **クリス・エンジェル・マインドフリーク**
Criss Angel Mindfreak

プラネット・ハリウッド・リゾート ＆ カジノ（→P30） MAP P114A1

神秘的なファンタジーの世界を楽しもう

新鋭マジシャンによるマジックショー

日本でも人気の新鋭マジシャン、クリス・エンジェルによるショー。クリスの人気TV番組『マインドフリーク』の劇場版で、LEDライトやRGBレーザーなどを駆使した高度なイリュージョンが目の前で展開する。

鑑賞のPOINT
開演30分前にはクリスの歴史を紹介するビデオを上映

早わかり

ジャンル イリュージョン
公演時間 90分
英語力 不要　入手困難度 ★★

DATA
時水～日曜 19時～
休月・火曜ほか不定
休　料\$69～ ☎
(855)234-7469

Check 大人気オーディション番組がライブショーに

舞台パフォーマンス ルクソール（→P32）／ルクソールシアター MAP P114A3

♪ **スーパースターズ**
Superstars

アメリカの大人気オーディション番組『アメリカズ・ゴット・タレント』がライブショーになった。番組に出演した過去のスターたちが登場し、スリル満点のアクロバット、ボーカル、マジックなどを披露する。

開演時間 水・土・日曜18時～、20時30分～、木・金曜19時～
休月・火曜　料\$49～ ※5歳以上
英語力 不要　公演時間 約75分　入手困難度 ★★

才能を認められた多彩なパフォーマー
たちが一堂に集まる

まだある! おすすめのショー

アダルトパフォーマンス シーザース・パレス(→P26)/スピーゲルテント
♪ **アブサン**
Absinthe

アクロバットあり、コメディーあり、セクシーなダンスあり。巨大サーカステントで行われるアダルトショー。※18歳以上
開演時間 日~木曜20時~、22時~、金・土曜19時~、21時~、23時~ 料 $129 英語力 要 所要時間 約80分

舞台パフォーマンス MGMグランド(→P30)/ジャバウォッキーズ・シアター
♪ **ジャバウォッキーズ "ジュリームズ"**
Jabbawockeez "Jreamz"

世界的に人気のダンスグループのショー。白い手袋をはめて文句なしのダンスを披露。
開演時間 水~月曜19時~、21時30分~ 料 $20~ 英語力 不要 所要時間 約75分

イリュージョン リンク・ホテル+エクスペリエンス(→P33)/マット・フランコ・シアター
♪ **マット・フランコ**
Mat Franco

TV番組『アメリカズ・ゴット・タレント』で、マジシャンとして初めて優勝したマット・フランコのマジックショー。
開演時間 19時~(開演日はHP(MatFranco.com)で確認) 料 $50~ 英語力 要 所要時間 約90分

舞台パフォーマンス プラネット・ハリウッド・リゾート&カジノ(→P30)
♪ **V**
V:The Ultimate Variety Show

Vはバラエティの頭文字。マジック、アクロバット、ジャグリング、コメディなど、さまざまなパフォーマンスが詰め込まれた娯楽ショー。 開演時間 19時~(不定期で20時30分~あり) 料 $59~ 英語力 不要 所要時間 約75分

舞台パフォーマンス リオ・オールスイート(→P34)/ペン&テラー・シアター
♪ **ペン&テラー**
Penn&Teller

ブラックユーモアを連発する大男ペンと、絶対にしゃべらない小男テラーのコンビが送るマジック&コメディショー。※5歳以上(18歳未満は保護者同伴) 開演時間 木~日曜21時~(変更の場合あり) 料 $117~ 英語力 要 所要時間 約90分

イリュージョン MGMグランド(→P30)/デビッド・カッパーフィールド・シアター
♪ **デビッド・カッパーフィールド**
David Copperfield

スーパーマジシャンが世界で絶賛されるダイナミックなイリュージョンを展開。※5歳以上。18歳未満は保護者同伴 開演時間 日~金曜19時~、21時30分~、土曜16時~、19時~、21時30分~ 料 $72~ 英語力 不要 所要時間 約90分

アダルトレビュー エクスカリバー(→P33)/サンダーランドショールーム
♪ **サンダー・フロム・ダウンアンダー**
Thunder From Down Under

2002年から続いているオーストラリア人男性によるストリップショー。ワイルドな男性たちのパフォーマンスに注目。※18歳以上 開演時間 月・水・木・日曜21時~、金・土曜19時~、21時~ 料 $50~ 英語力 不要 所要時間 約90分

ディナーショー エクスカリバー(→P33)/トーナメント・オブ・キングス・アリーナ
♪ **トーナメント・オブ・キングス**
Tournament of Kings

アリーナを舞台に、馬に乗った中世の騎士が騎馬戦を披露。ディナーも中世風に手で食べる。 開演時間 月・金曜18時~、木・土・日曜18時~、20時30分~ 料 $42~(食事なし)、$64~(食事込) 英語力 不要 所要時間 約75分

アダルトレビュー リオ・オールスイート(→P34)/チッペンデールズ・シアター
♪ **チッペンデールズ**
Chippendales

セクシーな男性ストリップショー。肉体美自慢の男性たちが上半身裸で官能的なダンスを披露。※18歳以上
開演時間 水・木・日曜20時~、金・土曜20時~、22時30分~ 料 $50~ 英語力 不要 所要時間 約90分

アダルトレビュー ルクソール(→P32)/アトリウム・ショールーム
♪ **ファンタジー**
Fantasy

陽気なショーガールのトップレスダンスショー。セクシーで華やかなのでカップルにもオススメ。※18歳以上
開演時間 月~土曜22時30分~、日曜20時~、22時30分~ 料 $39~ 英語力 不要 所要時間 約75分

行く前にCheck ショーチケットの購入方法

❶ 日本で予約

どうしても見たいショーは、出発前に日本でチケットを押さえておくのがベスト。各ホテルやショーの公式サイトから予約できる。支払いにはクレジットカードが必要。公演スケジュールや空席情報、料金を確認して好きな座席を選ぶ。チケットは劇場のボックスオフィスで受け取る方法と、予約時に画面上でEチケットをプリントアウトして持参する方法がある。劇場で受け取る際には、ボックスオフィスの"Will Call"へ。見あたらない場合は、どの窓口でもOKだ。窓口ではID(身分証明書)の提示を求められることも。購入時のクレジットカードも忘れずに。

❷ 現地で購入

各劇場のボックスオフィスやホテルのコンシェルジュで購入できる。シルク・ドゥ・ソレイユなど人気のショー以外は当日券が売られていることも多いが、売り切れが心配な場合は、当日ではなくラスベガス到着後すぐに出向くのがおすすめ。
また、定期公演のショーは毎日2回(19時ごろ開演と21時30分ごろ開演)に公演を行うことがほとんどで、一般的に遅い部の方がいい席を確保しやすい。それでもチケットが手に入らなかった場合は、ショーが始まる1~2時間前に劇場へ行き、キャンセル待ちという手もある。

❸ ディスカウント・チケットを購入

"Half Price"と掲げた看板が目印のティックス・フォー・トゥナイトでは、当日や翌日のショーチケットを20~40%オフで販売している。グランド・バザール・ショップやサーカス・サーカスなど、ストリップに4店舗を展開。余剰チケットのため、最新作や人気のショーはほとんど出回らないが、メジャーなショーが売りに出されることも。

ティックス・フォー・トゥナイト
Tix 4 Tonight
時 10~19時(店舗により異なる) 休 なし
URL www.tix4tonight.com

$0でお得に楽しむ！
必見！ 無料ショー

ラスベガスで見逃せないものといえば
芸術的なショーの数々。それも無料とは
思えないほどハイクオリティなものも多い。
わざわざ、目指して行く価値大。

ミラージュ ストリップ北 ●MAP P115A3

♪ **火山噴火**
The Volcano

噴き上がる炎のスペクタクル

20年以上続く名物ショー。ミラージュのシンボルの火山
から4mもの火柱が噴き上がる。音と火の玉の相乗効果
で迫力満点。ラグーンからホテルの建物に向かって見る
のがベスト。

早わかり	
必見度	★★★
公演時間	約5分
場所確保	5分前

DATA 時20〜23
時の毎正時※天候に
より中止の場合あり

混雑を避けるなら火
山の裏側もおすすめ

ベラッジオ フォーコーナー周辺 ●MAP P114A1

♪ **噴水ショー**
Fountains of Bellagio

**ストリップ名物の
壮大な噴水ダンス**

ラスベガス人気の無料ショー。1200基以上もの噴水
が、音楽に合わせて空高く舞い上がる。長さ約300m、
高さ約140mにのぼる水柱は圧巻。

DATA 時15時〜18時30分は30分おき、
19〜24時は15分おき(土・日曜、祝日は12時
〜) ※天候により中止の場合あり

早わかり	
必見度	★★★
公演時間	3〜5分
場所確保	10分前

サーカス・サーカス ストリップ北 ●MAP P116A3

♪ **サーカス・アクト**
Circus Act

本格的なサーカスに大興奮

カジノフロアの中2階にある常設ステージで行われる。内容が毎回変わるため何度見ても楽しめる。ホテルのウェブサイトや客席の横に貼ってあるプログラムをチェックして。

DATA 時14時
15分〜21時30分
の1時間おき(金〜
月曜は13時30分〜
20時30分)※変更
の場合あり

早わかり	
必見度	★★★
公演時間	約15分
場所確保	20分前

アフリカ風のアクロ
バットなど多彩なプ
ログラム

シーザース・パレス フォーコーナー周辺 ●MAP P115A4

♪ **アトランティスの滅亡**
Fall of Atlantis

ハイテクを駆使したミニシアター

フォーラム・ショップスの一角にある広場
で行われる、伝説の大陸アトランティスが
テーマの寸劇。精巧に作られた人造人間が
登場し、噴水や炎、レーザーを使って神々
の後継者争いの様子が描かれる。

DATA 時12〜20時
の毎正時 休火・水曜

早わかり	
必見度	★★
公演時間	10〜15分
場所確保	5分前

英語のセリフがわからな
くても楽しめる

ウィン・ラスベガス ストリップ北 ●MAP P115B2

♪ **レイク・オブ・ドリーム**
Lake of Dream

光と音で紡ぐファンタジーの世界

湖と滝を舞台に、LEDライトの光と音楽
で幻想的な世界を映し出すショー。ホテル
の中庭で行われるため、宿泊者以外は2階
のテラスか湖沿いのレストランなどで鑑
賞しよう。内容は毎回変わる。

DATA 時日没〜翌2時
の30分おき(金・土曜は〜
翌3時)

早わかり	
必見度	★★
公演時間	約5分
場所確保	5分前

巨大なカエルが登場して
自慢の歌声を披露

絶景＆絶叫マシンが目白押し！

アトラクションで遊ぼう！

ラスベガスには、街なかで遊べるアクティビティが満載。
最新の観覧車から定番のスリル系まで、景色を眺めながらストレス発散しよう！

観覧車
絶叫度：★

フォーコーナー周辺●MAP P115B4

ハイローラー
High Roller

ラスベガスの空に輝く世界最大級の観覧車

一周約30分で回る、高さ約167mの巨大観覧車。ストリップと平行して立つ大車輪からは、ラスベガスのホテル群や周辺の山々などの絶景を思う存分堪能できる。夕暮れから夜明けまではさまざまな色でライトアップされ、光のショーも楽しめる。

DATA ⊗フォーコーナーから徒歩5分 ⊕ザ・リンク・プロムナード内（→P58） ☎(855)234-7469 🕐12〜24時 休なし 料$25（12〜19時）、$36（19〜24時）

2000個以上のLEDライトで光のショーを演出

スリルライド
絶叫度：★★

スタート台は
世界最大のス
ロットマシン

地上約35mのスタート台から飛び立つ

ダウンタウン●MAP P117B2

スロットジラ
SlotZilla

賑やかなストリートを空中散歩

ワイヤーロープを滑車で滑り降りるアクティビティ、ジップラインのパワーアップ版。フリーモント・ストリートのアーケード内上空を最長で約518m滑走する。フリーモント・ストリート・エクスペリエンス（→P62）と同時に体験すれば迫力も倍増。

DATA ⊗フォーコーナーから車で15分 ⊕425 Fremont St. ☎(702)678-5780 🕐12時〜翌1時（ジップライン16時〜。木〜日曜は〜翌2時） 休なし 料ジップライン$54、ズームライン$74 ※13歳未満は16歳以上の同伴が必要

スリルライド
絶叫度：★★

ストリップ南●MAP P114A2

フライ・オーバー
Fly Over Las Vegas

大自然を眺めて爽快な空の旅

大型スクリーンに映る景色を見ながら、上空飛行の気分が味わえるライドアトラクション。風や水しぶきが肌にあたったり、香りを感じたりする仕掛けもあって没入感たっぷり。

DATA ⊗フォーコーナーから車で12分 ⊕3771 Las Vegas Blvd. S. ☎(866)498-2023 🕐9〜21時（金〜日曜は〜22時） 休なし 料$36〜 ※12歳以下は14歳以上の同伴が必要、身長102cm以下は搭乗不可

FlyOver Las Vegas by Pursuit

ビルの合間を抜け、最後 かなりの高速で
はカジノに突入 回転する

高さ350mのタワー。
展望台の入場は＄20

世界で人気の ドーム型の屋根で覆われ
エル・ロコ。屋 ていて雨でも楽しめる
内で乗れるの
は珍しい

ザ・ストラット・ホテル・カジノ＆タワー

ダウンタウン●MAP P116B2

スリルライド 絶叫度：★★★★

The STRAT Hotel, Casino & Tower

3つの絶叫マシンが揃う高層タワー

展望台のほか3つの絶叫マシンがあるストリップのシンボルタワー。すべて高さ250m以上で体験するアトラクションで、スリル満点！余裕があれば景色も楽しみたい。

DATA ⊗フォーコーナーから車で10分 ⊕ザ・ストラット・ホテル・カジノ＆タワー内（→P35） ☎(800)998-6937 時14〜22時（※天候による。展望台は10時〜翌1時）休なし 料スカイ・ジャンプ$129.99〜、展望台とそのほかのライド1回のセット$29〜、展望台と1日乗り放題$43.95〜、展望台のみ$20 ※ビッグ・ショットは身長122cm以上、エックススクリームは身長132cm以上。スカイジャンプは14〜18歳は保護者同伴および身分証明書(ID)が必要

1 ビッグショット Big Shot
タワー最上階にあるフリーホール。地上約330mの地点から一気に垂直に落下

2 エックススクリーム X-Scream
高さ264mにあるシーソーのような乗り物。タワーから突き出して上下に動く

3 スカイジャンプ Sky Jump
ワイヤーを装着して、タワー108階の250mの高さからジャンプ！

ビッグ・アップル・コースター

ストリップ南●MAP P114A2

The Big Apple Coaster

マンハッタンの高層ビルを走破

高層ビル群の間を時速108kmの猛スピードで急降下したり、一回転やツイストしたり、めまぐるしく変化するジェットコースター。

DATA ⊗フォーコーナーから徒歩20分 ⊕ニューヨーク・ニューヨーク内（→P27） ☎(702)740-6616 時11〜23時（金〜日曜は〜24時）休なし 料$19(18時〜は$23)、1日券(13〜21時)$49 ※季節により変動あり、身長137cm以上

アドベンチャードーム

ストリップ北●MAP P116A3

Adventuredome

アメリカ最大級の屋内遊園地

ジェットコースターからメリーゴーラウンドまで20種類以上の乗り物が揃う。最高時速約72kmのローラー・コースター、エル・ロコに注目。

スリルライド 絶叫度：★★★

DATA ⊗フォーコーナーから車で7分 ⊕サーカス・サーカス内（→P32） ☎(800)634-3450 時12〜19時（金・土曜10〜24時、日曜10〜21時）※変動あり 休なし 料入園無料、1日券$60(身長84〜122cmは$30) ※ライドは身長制限あり

Check **ストリップに新たなエンタメ施設が登場**

エリア15

ストリップ北●MAP P112A2

AREA15

高さ約40mまで上昇するアトラクションLIFTOFF

2020年にストリップ北に新たに誕生した、プロジェクションマッピングを駆使した演出が楽しい複合施設。アトラクションのほか、レストランやバー、ショップなどが集まる。

DATA ⊗フォーコーナーから車で7分 3215 South Rancho Dr. ☎施設により異なる 時9〜24時（金・土曜は〜翌1時 ※季節により変更の可能性あり、21時以降の入場は21歳以上、要事前予約）休なし 料入場無料（金・土曜の21時以降は$15）、アトラクションは別料金

ロールグライダーで屋内を一周できる人気アトラクションHALEY'S COMET

LEDライトの演出が幻想的なODDWOOD BAR

ハイライト

アトラクションで遊ぼう！

ネオンが灯ると
本格的なカジノ
タイムに

カジノは24時間、年中無休
でオープン

眠らない街ラスベガスの象徴

初心者のための
カジノの遊び方ガイド

カジノはほとんどがホテル内にあり、出入りも自由なため、
気軽に立ち寄れる大人の遊び場だ。ビギナーでも億万長者になれる
可能性も。スマートに楽しむ遊び方を伝授しよう。

行く前にCheck

知っておきたい！カジノの基本

◆ゲームの種類　スロットマシンなどのマシンゲームと、ポーカーなどディーラーが仕切るテーブルゲームがメイン。

◆営業時間　24時間営業。しかも年中無休。窓がないカジノが多いのは、時間を忘れさせるためだとか。

◆年齢制限　21歳未満はカジノ禁止。日本人は若く見られがちなので、30代でもパスポートなどの身分証を持ち歩こう。

◆ドレスコード　リゾート地ということもあり、TシャツにジーンズなどラフなスタイルでもOK。高額賭け金のエリアではジャケットを。

◆両替 Exchange　カジノで〝両替〟というと、現金から専用チップ、またはその逆に交換することをいう。いずれもカジノ内にある両替所で。

◆最低賭け金（ミニマム・ベット）　マシンやテーブルには最低賭け金が表示されている。$5と書かれた場所では、$5未満では賭けられない。

◆写真撮影　カジノ内では原則、写真撮影は禁止。プライバシー保護と個人情報の流出を防ぐためだ。ディーラーやお客にカメラを向けるのはNG。

◆チップ　テーブルゲームでのチップには決まりがない。負けても、ディーラーのサービスに感謝を示したいなら支払ってもOK。

◆ドリンク無料　カジノでは、カクテルウエイトレスが飲み物の注文を取りにくる。飲み物は無料だが、1杯$1〜5のチップを支払おう。

◆現金化（バウチャーVoucher）　マシンゲームでは、ゲーム終了の際、バウチャーが出てくる。それを両替所に持って行って現金化する。

◆身分証明書（ID）　ゲームをする際も、アルコールを注文する際にもIDを求められることが多い。IDを常備しよう。

◆プレーヤーズカード　各カジノでは、プレイ時間と賭けた金額によりポイントがたまる会員カードを無料で発行。ポイントで特典がもらえる。

各系列ホテル
ごとに発行される

◆初心者ならまずは
テーブルの客の後ろで見学
ディーラーの後ろに立つのは禁止。だが、客の後ろはOK。じっくりゲームの進み方を見学して勉強しよう。午前中のカジノは比較的すいている。

撮影地：フラミンゴ・ラスベガス

一攫千金を狙うならコレ

スロットマシン Slot Machine

リール（絵柄が回転する部分）が回り、止まった位置で決められた絵柄がそろえばアタリ！ 3リールと5リールがある。ジャックポット（大当たり）を狙いたい。

要注意! 最低賭け金をチェック➡高いと一瞬でゲームオーバーも

プレイの進め方

1 現金または専用のコインを入れる
紙幣でもOK。プレーヤーズカードもセットして

2 賭ける枚数を選び、レバーを引くか、ボタンを押す
1倍なら最低金額、3倍賭けなら3倍のコインが必要

3 リール（絵柄が回転する部分）が
自動的に回り出し、自動的に停止する
ペイラインに同じ絵柄が揃ったら勝ち

4 揃った絵柄により、配当金が加算される
勝てば配当金が加算され、残高はマシンに表示

POINT

少額で1回賭けするのではなく、3倍賭け。大当たりのジャックポットは3倍賭けのみ有効となる。

低予算でもたっぷり遊べる

絵柄が3つ並ぶ
3リールマシン

初心者も華麗に遊べる

ルーレット Roulette

ディーラーが投げ入れた象牙のボールが、回るルーレット盤のどこに落ちるかを予想して、賭けるゲーム。配当は2～36倍。別名「カジノの女王」。

ルーレットは
人気のゲーム

要注意! 勘より計算➡確率のゲームだからだ

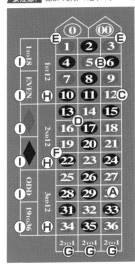

賭け方（配当倍率）

Ⓐストレート
1つの数字に賭ける（36倍）

Ⓑスプリット
隣り合う2つの数字に賭ける（18倍）

Ⓒストリート
横1列に並んだ3つの数字に賭ける（12倍）

Ⓓコーナー
線が交差する4つの数字に賭ける（9倍）

Ⓔファースト・ファイブ
0、00、1、2、3の5つの数字に賭ける（7倍）

Ⓕシックス・ウェイ
横2列の6つの数字に賭ける（6倍）

Ⓖコラム
縦1列の12個の数字に賭ける（3倍）

Ⓗダズン
1～12、13～24、25～36のいずれかに賭ける（3倍）

Ⓘアウトサイド
1～18または19～36、赤または黒、奇数（ODD）または偶数（EVEN）のいずれかに賭ける（2倍）

頭脳と精神力がカギ

ポーカー Poker

配られたカードを捨てたり、新たなカードを引いたりして、手（カードの組み合わせ）を作り、客同士でその強弱を競う。9通りの組み合わせがある。

要注意! 初心者は事前勉強を➡熟練者が多いゲームゆえ

ポーカーの手の種類（弱い順）

①ワンペア／同じ数字が2枚揃う

②ツーペア／ワンペアが2組揃う

③スリーカード／同じ数字が3枚揃う

④ストレート／5つの数字が順に揃う

⑤フラッシュ／同じマークが5枚揃う

⑥フルハウス／ワンペアとスリーカードの組合せ

⑦フォーカード／同じ数字が4枚揃う

⑧ストレートフラッシュ
同じマークで5枚の数字が順に揃う

⑨ロイヤルフラッシュ
同じマークでA、K、Q、J、10が揃う

プレイの進め方

1 ルーレット専用の
チップに替えてもらう

席に着き、現金かチップをテーブルに置き、ディーラーにルーレット専用のチップに替えてもらう。専用のチップを"Wheel Chip"という。

2 賭けたい場所に
チップを置く

チップを置けるのは、ディーラーが「No more bet」というまで。テーブルによって最低賭け金が異なるので注意。

3 ディーラーが
ルーレットを回して
ボールを入れる

チップに触れることもキャンセルもできない。

4 配当が渡される

ボールが止まった位置にチップを置いた人に配当が渡される。ルーレットのチップはそのテーブル専用。

POINT
テーブル横の電光掲示板は過去20回分の当たりの数字。参考にしよう。

POINT
対戦相手の情報をもっているほど有利なため、ディーラーの右手に座ると有利。

プレイの進め方

1 賭け金をテーブルの指定の場所に置く
専用のポーカールームを設けていることが多い。

2 ディーラーから時計回りに1枚ずつ、計5枚のカードが配られる
戦略と判断力がカギ。

3 ディーラーの左に座るプレーヤーから手を組み立てていく
ディーラーの左に座るプレーヤーからカードを交換するか、パスするかをディーラーに伝え、手を組み立てていく。途中、賭け金を上乗せしたり、ゲームを降りることも可能。

4 最後に残ったプレーヤー同士、カードを見せあい、手の強い者が勝ち
各テーブルで勝つのは一人だけ。

Check まずはビデオ・ポーカーで腕試し

初心者は、テーブルゲームの前に、ビデオ・ポーカーで練習するといい。画面にカードが表示されたら、手元に残すカードを選んで「HOLD」ボタンを押す。新たなカードが欲しいなら「DEAL」ボタンを。慣れたら、いざ、テーブルへ。

ほかのプレーヤーが
いなくても参加できる

駆け引きが楽しい人気ゲーム

ブラックジャック Black Jack

別名「21」。ディーラーとプレーヤーの勝負で、カードの合計
数が21を超えず、21に近い方が勝ち。21に近づけるようカー
ドを引くかどうかを判断し、勝負する。

要注意! 17がポイント➡手元の合計が17になったら、
バストを避けるためカードは引かない。

レートプレート
このテーブルでの1回の賭け金
の最低と最高額を示すもの

ディスクカード・ラック
使用済カードを
入れるケース

チップ・トレイ
ゲームに使う金額別チップを
並べて置く場所

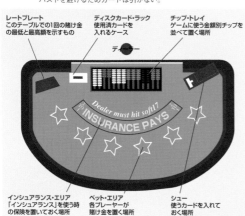

ディーラー

Dealer must hit soft17
INSURANCE PAYS

インシュアランス・エリア
「インシュアランス」を使う時
の保険を置いておく場所

ベット・エリア
各プレーヤーが
賭け金を置く場所

シュー
使うカードを入れて
おく場所

・プレイの進め方

1 賭け金をテーブルの
指定の場所に置く

これがゲーム
に参加すると
いう意思表示。

2 ディーラーが2枚ずつ
カードを配る

プレーヤーのカードは2枚とも表、ディー
ラーのカードは1枚だけ表。ディーラ
ーの手札を予想しながら判断を。

3 カードを引くか引かないか
ディーラーに手の動作で伝える

ディーラーから見
て右側のプレーヤ
ーから順に、カー
ドを引く(HIT)か
引かない(STAND)
かディーラーに手
の動作で伝える。
HITは指でテーブ
ルを叩く。STAND
は掌を振る。

4 ディーラーが自分の手を
オープンにし、勝敗が決まる

全員が引く(HIT)か引かない(STAND)
か終わったら、勝負の相手はディーラー。
21を超えると負け。

お役立ち情報 カジノで役立つフレーズと単語

● 実践編

どなたかここに座っていますか？	Is anyone sitting here? イズ エニイワン シッティング ヒア？
このテーブルに参加してもよいですか？	May I join this table? メイ アイ ジョイン ディス テーブル？
両替をお願いします。	Change please. チェンジ プリーズ
$5/$10チップでお願いします。	Nickel ／dime please. ニッケル／ダイム プリーズ
ここでやめます。	I'm leaving. I am out.／I finish. アイム リービング アイム アウト アイフ イニッシュ
ゲームを続けます。	I continue playing a game. アイ コンティニュー プレイング ア ゲイム

● ミニ英単語

bet ベット	賭けること、賭け金
cage ケージ	カジノでは両替所のこと
deal ディール	本来取引の意味だが、 カジノではカードを配る人
gaming ゲイミング	賭けごとのこと。ギャンブル や賭博などのイメージを払拭 させようとする試みも
high roller ハイローラー	高額の賭け金で
jackpot ジャックポット	大当たり。多額の配当金が もらえる
BUST バスト	21を超えて負けること

ビギナーのための
おすすめカジノ

初体験！という人には、やはりカジノは敷居が高いもの。
そこでビギナーでも安心して入れるカジノを紹介。
ホテルによって個性が異なるので、
足を踏み入れるだけでも楽しめる。

♪ ベラッジオ →P16
Bellagio

ココが魅力！ 華やかなカジノの空気を存分に味わえる

99台の個別モニターや大型スクリーンが配置されたスポーツブック

ストリップで最高級とされるホテルの1階は、広大なカジノエリア。インテリアもゴージャスなら、ほかのホテルのゲストとは装いが違う。気軽なリゾートウェアの人も多いが、紳士淑女も多数。賭ける金額も高い。まずはここで"見学"をして、ゲームの仕方と雰囲気を学ぼう。

♪ プラネット・ハリウッド・リゾート＆カジノ
Planet Hollywood Resort & Casino →P30

セクシー＆カジュアルでお祭り気分

ココが魅力！ 目で楽しめるカジュアルカジノ

映画がテーマだけに、ラスベガスを舞台にした多くの映画のカジノシーンの舞台に使われた場所。モダンなインテリアに加え、とびきり高い天井がウリだ。ディーラーやダンサーの衣装もセクシー。ほかのホテルと比べると若者人口も高く、その分、気軽に楽しめる。

♪ フラミンゴ・ラスベガス →P31
Flamingo Las Vegas Hotel & Casino

昼は珍しく外光の入るカジノフロア

ココが魅力！ 超初心者でも気軽にトライできる

ストリップのフォーコーナーにあって便利。ホテルの宿泊者に若者やファミリーが多いせいか、カジノフロアはこぢんまりしていて、全体にアットホームな雰囲気。ディーラーも初心者に慣れているため、「ちょっと教えて」というノリでも大丈夫。

♪ マンダレイ・ベイ →P27
Mandalay Bay

ココが魅力！ 多数のスロットマシンが並んだ膨大なフロア

お気に入りのゲームが見つかるはず

1200台以上のスロットマシンがずらりと並んだ膨大なカジノフロアが魅力。その周囲にはレストランやショップが並ぶ。またブラックジャックやルーレットなど挑戦しやすいテーブルゲームも揃っているので、カジノ初心者でも楽しめる。

お役立ち情報

● ラスベガスに来たらやっぱりカジノ！
カジノレッスン講座

ルックアメリカンツアー（→P64）ではカジノゲームのノウハウを伝授する講座を開催。実際のカジノテーブルで日本語のインストラクターがカジノの遊び方を説明する。

集合時間 10時　所要時間 約1.5時間　催行日 毎日（除外日あり）　料金 $89　日本語ガイド あり

10:00	コスモポリタン集合 カジノレッスン開始 ◆マシーン全般 ◆ルーレット ◆ブラックジャック
11:30	レッスン終了、各自解散

実際のテーブルで基礎を学べる

一度は訪れたい！ こだわりぬいた空間で絶品ディナー

カリスマシェフがプロデュース
極上レストランで豪華ディナー

狭い地域に、世界の有名シェフによる話題のダイニングスポットが集結するラスベガス。
味も雰囲気も一流のダイニングで、思い出に残るディナーを堪能しよう。

オーダー例
前菜 $9〜20
パスタ $29〜
メイン $39〜90

野菜、魚介類、サラ
ミなど、前菜の種類
が豊富なので、パス
タの替わりに前菜を
数種類とるのもあり。

オーダー例
アラカルトのメイン
$50〜

質の高い肉や魚介に
自家製ソースをかけて
味わう。
※写真はイメージ

フォー
コーナー
周辺　MAP
P115A4

1.約800gの骨付きリブステーキ目
玉焼きとルッコラ添え 2.ストリ
ップを一望できる絶好のロケーシ
ョンも魅力 3.アメリカのTV番組
で大人気の料理研究家ジャーダ氏

ジャーダ
Giada

全米が注目するセレブシェフの1号店

カリスマ料理研究家として知られる、ジャーダ氏
初のレストラン。香草や野菜をたっぷり使用した
チキンやパスタなど、カリフォルニアの要素を取
り入れたイタリアンが食べられる。

DATA ⊗フォーコーナーから徒歩1分 ⊕クロムウェ
ル内(→P28) ☎(855)442-3271 ⏰9時〜14時30
分(金〜日曜のみ)、16時30分〜21時45分 ㉁なし
🈂🈵

フォー
コーナー
周辺　MAP
P114A2

1.最高品質の肉を絶妙な焼き加減で提
供 2.モダンなインテリアで統一され
た広々とした空間 3.ジャン・ジョルジ
ュ・ヴォンゲリスティン氏

ジャン・ジョルジュ・ステーキハウス
Jean Georges Steakhouse

絶妙な焼き加減の炭火焼きに舌鼓

NYにミシュランの3ツ星レストランをもつジャン・
ジョルジュ氏が手がける、伝統的なアメリカのス
テーキハウス。最高品質の肉や魚介類のうま味を
最大限に生かすため、調理法はシンプル。

DATA ⊗フォーコーナーから徒歩10分 ⊕アリア・
リゾート&カジノ内(→P29) ☎(702)590-8660 ⏰
17時〜22時30分 ㉁なし

Check 日本人シェフの新店に注目

フォーコー
ナー周辺 **MAP P114B1**

ノブ パリス店
Nobu at Paris Las Vegas

海外に和食を広めた先駆者である松久信幸氏の新店が2022年にオープン。伝統的な和食のほか、中南米のエッセンスを加えた斬新な日本料理が味わえる。

全140席の店内は、天然木の温かみを生かした居心地のよい空間

ギンダラの西京焼は、やや甘めのやさしい味付け

DATA ⊗フォーコーナーから徒歩5分 ㊤パリス内(→P27) ☎(702)946-4007 ㉖16〜22時 ㊡なし URLwww.caesars.com/paris-las-vegas/restaurant/nobu

---

オーダー例

前菜 $80〜110
魚料理 $115〜165
肉料理 $160〜325

テイスティングメニューは7品コース$395があり、大満足できる品揃え。

フォーコーナー周辺 **MAP P115A4**

1.スパイスの繊細な風味をまとった魚料理 2.料理の香りを楽しむため、花は飾られていない 3.オーナーシェフのギー・サヴォワ氏

ギー・サヴォワ
Guy Savoy

極上のフランス料理に舌鼓

パリに3店舗を構えるサヴォワ氏の米国唯一のレストラン。ギー・サヴォワの名物、アーティチョークと黒トリュフのスープやフォアグラ料理など、本店と同じメニューを堪能できる。

DATA ⊗フォーコーナーから徒歩1分 ㊤シーザース・パレス内(→P26) ☎(702)731-7286 ㉖17時30分〜21時30分 ㊡月・火曜

オーダー例

テイスティングコース $485

全11品が味わえる贅沢なフルコース。ほかにも複数のメニューから好きなものを選べるコースもある。※写真はイメージ

ストリップ南 **MAP P114A3**

1.見た目も美しい料理が揃う 2.シックな色調のメインダイニングルーム 3.日本のフランス料理界にも多大な影響を与えているロブション氏

ジョエル・ロブション
Joël Robuchon

ラスベガス初のミシュラン3ツ星を獲得

米国で唯一のロブションの最高級ダイニング。小規模ながらゴージャス感あふれる空間で、きめ細かなサービスを受けられる。メニューは数種類のコース料理とアラカルトを用意。

DATA ⊗フォーコーナーから徒歩20分 ㊤MGMグランド内(→P30) ☎(702)891-7925 ㉖17時30分〜21時30分 ㊡火・水曜

エンタメシティの底力、ここにあり！

ユニークな演出が楽しい
テーマレストラン＆バー

世界最大級のエンターテインメント都市ラスベガスには、個性豊かな演出でもてなしてくれるレストランがたくさん。料理はもちろん、内装、音楽と、徹底したこだわりっぷり。

スーパーフリコ
フォーコーナー周辺 MAP P114A1
Superfrico

1.想像力をテーマに無限に探索可能なバー、ラウンジ、ダイニングルーム　2.モッツァレラチーズたっぷりの自慢のピザは$19〜

3.スパイシーなソースがアクセントのチキンパルメジャン$33

世界で最もクールなイタリアンレストラン

シェフで国際的に有名なピザ職人アンソニー・ファルコ氏の作り出す料理とサイケデリックのコラボで予想外のスリルとエンターテインメントが味わえる話題のレストラン。

DATA　⊗フォーコーナーから徒歩6分　⊕3708 Las Vegas Blvd .S.（コスモポリタン内）☎(702)534-3419 ⏰17時〜（閉店時間は日によって異なる）㊡なし URL https://www.superfrico.com 　⊠※入店は18歳以上推奨

1.冷たい空間での滞在時間は平均30分〜45分だそう　2.ドリンクメニューはカクテルも含め豊富に揃っている

マイナス5°アイスバー
ストリップ南 MAP P114A4
Minus5° Ice Bar
Mandalay Bay Hotel & Casino

壁もテーブルもイスもすべて氷！

室内はいつも−5℃という氷で作られたバー。21時までは4〜15歳の子どもも利用可能で手袋とパーカー、ドリンクがセットになったチケットを購入して寒さに耐えられれば好きなだけ滞在できる。

DATA　⊗フォーコーナーから車で7分　⊕マンダレイ・ベイ内（→P27）☎(702)740-5800 ⏰11〜24時（金・土曜は〜翌1時30分）㊡なし URL https://www.minus5experience.com/mandalay-bay/

Check ワイルドな熱帯雨林の中でお食事を

レインフォレスト・カフェ
Rainforest Cafe

MAP P114A2 フォーコーナー周辺

うっそうとした森林の中で鳥の歌声が響き、大きなゾウやゴリラがお出迎え。定期的に雷とともにスコールが降り動物たちが暴れ出す楽しいカフェ。

DATA ⊗フォーコーナーから徒歩10分 ⊕3717 Las Vegas Blvd. S. ☎(702)891-8580 ㊗11〜21時（金・土曜11時30分〜22時）㊡なし URLwww.rainforestcafe.com

本物そっくりの動物たちが動き、ジャングル気分を盛り立てる

メイフェア・サパー・クラブ
The Mayfair Supper Club

MAP P114A1 フォーコーナー周辺

ショーを観ながら楽しむナイトクラブ

ベラッジオにオープンしたエンターテインメントとダイニングが融合したレストラン。金〜土曜の23時には店内がアップテンポのラウンジに様変わりし、ショーを観ながら食事が楽しめる。

DATA ⊗フォーコーナーから徒歩1分 ⊕ベラッジオ内（→P16）☎(702)693-8876 ㊗17〜22時（金・土曜は〜翌1時）㊡なし URLhttps://bellagio.mgmresorts.com/en/restaurants/the-mayfair-supperclub.html
※12歳以下入店不可、22時以降は21歳以下入店不可

1.カウンター席とテーブル席があり、場所によっては外の噴水ショーも見られる 2.ショーを楽しみながら食事ができる 3.ジューシーな自慢のプライムリブ$88はぜひ味わいたい一品

ハードロック・カフェ
Hard Rock Cafe

MAP P114A2 ストリップ南

1.1階がショップ、2階がレストラン&バー 2.各店舗オリジナルレシピによるハンバーガーが好評

ロックスターが使ったアイテムがずらり

ロックを聴きながらアメリカンフードをつまめる、世界的に人気のレストラン。ストリップ沿いに立つ3階建てのラスベガス店は、ハードロックカフェとしては世界最大級の店舗。壁に展示してあるスターゆかりの品々にも注目。

DATA ⊗フォーコーナーから徒歩18分 ⊕3771 Las Vegas Blvd S. ☎(702)733-7625 ㊗7時30分〜24時 ㊡なし URLhttps://www.hardrockcafe.com/location/las-vegas

お腹がすいたら気軽に行けるのがうれしい

リーズナブルでボリューム満点 カジュアルレストラン

フランクに楽しめるカジュアルなお店が多いのもラスベガスの魅力。肩肘張らず気軽に
利用できて、味はもちろん絶品の人気店をご紹介。

 韓国料理 MAP P114A1

●フォーコーナー周辺

ジェン・コリアン・ バーベキュー・ハウス

GEN Korean BBQ House

本格コリアンバーベキューを心ゆくまで

20種類以上の肉や野菜、シーフードが食べ放題の韓国
焼肉。BBQメニュー以外にもキムチやスープ、たこ焼
や餃子など居酒屋メニュ
ーにカルパッチョからロ
ール寿司まであるので、
空腹で出かけたい。

焼肉以外のメニューも豊富な
ので、少量ずつオーダーする
のがおすすめ

コリアン・バーベキュー
（食べ放題）
Korean BBQ
$35.95(子ども料金あり)

制限時間90分。食べ残し
には別料金が課せられるの
で注意しよう

DATA ⊗フォーコーナーから徒歩8分 ㊩ミラクル・マイル・
ショップス内(→P57) ☎(702)707-7227 ㊙12〜24時 ㊡
なし URLhttps://www.genkoreanbbq.com/

 卵料理 MAP P114A1

●フォーコーナー周辺

エッグスラット

Eggslut

朝食によく食べられる卵料理の専門店

卵好きのシェフ、アルヴィン・ケイランが始めた朝食の
卵料理に特化したレストラン。ガラス瓶にマッシュポテ
トと卵を入れて温めたエ
ッグスラット$11.50が
楽しめる。サンドイッチ
や水出しコーヒー、チョ
コレートチップ・クッキー
も評判だ。

気軽に立ち寄れる店構え

ベーコン・エッグ・チーズ
BACON, EGG & CHEESE
$10.50

食材にもこだわっている一
品。ベーコン、エッグ、チーズ
が相性抜群

DATA ⊗フォーコーナーから徒歩6分 ㊩3708 Las Vegas
Blvd.S.(コスモポリタン内) ☎(702)698-7000 ㊙7〜14
時(金〜日曜は〜15時) ㊡なし

Check　サンドイッチ伯爵の一族が経営

サンド
イッチ　MAP P114A1

アール・オブ・サンドイッチ
Earl of Sandwich

サンドイッチの生みの親、サンドイッチ伯爵家の11代目が経営する店。注文後に作り始め、自家製のパンを軽くトーストしてサーブされる。

DATA ⊗フォーコーナーから徒歩8分 ⊕ミラクル・マイル・ショップス内(→P57)1階 ☎(702)463-0259 ⊛24時間 ㊡なし

1762オリジナル
1762 The Original $9.99
260年以上も前に誕生した最初のサンドイッチを再現。ローストビーフのシンプルなおいしさが際立つ

マヒマヒのタコス
Blackened Mahi Mahi $14

タコスは4種類から選べる。ベイクしたマヒマヒのタコスは一番人気

●ラスベガス南部

多国籍
料理　MAP P113B4

トミーバハマ・マーリンバー
Tommy Bahama Marlin Bar

ライフスタイルブランドによるレストラン

南国の雰囲気が漂う店内で、冷たいドリンクとタコスやバーガーなどアメリカンな軽食でリフレッシュできるカジュアルレストラン。アイランド・スタイルを提唱するトミー・バハマのレストランだけあり、インテリアもおしゃれ。

砂漠のオアシスのような居心地のよい空間

DATA ⊗フォーコーナーから車で10分 ⊕6629 Las Vegas Blvd. S.(タウンスクエア内) ☎(702)213-6887 ⊛11〜21時(17〜21時はライブミュージック、15〜18時はハッピーアワー) ㊡なし URLhttps://www.tommybahama.com/restaurants-and-marlin-bars

---

手延べ麺(四川担々麺)
Dan Dan Noodle $17.99

店頭で実演している名物の手延べ麺は、ピリ辛で大人の味

●フォーコーナー周辺

中国
料理　MAP P115A4

北京ヌードル・ナンバー9
Beijing Noodle No. 9

名物は北京式手延べ麺

白一色のインテリアでまとめられた店内に、赤い金魚が泳ぐ水槽が印象的。北京ダックや四川の麻婆豆腐など、本格的な中国料理を供してくれる。なかでも人気は店頭で実演している手延べ麺。ポークミンチとしびれるスパイシーソースがクセになる。

真っ白な中に赤いアクセントを効かせた幻想的な店内

DATA ⊗フォーコーナーから徒歩1分 ⊕シーザース・パレス内(→P26) ☎(877)346-4642 ⊛11〜23時(金・土曜は〜翌4時) ㊡なし

食べ放題とは思えないハイクオリティの料理がずらり

好きなものを好きなだけ
メニュー豊富なバフェ

食べ放題のバフェ(ビュッフェ)はラスベガスの名物の一つ。時間帯によっては混雑必至の人気店もあるので、ゆっくり食事をしたいときは時間をずらすのがおすすめ。

フォーコーナー周辺 **MAP P115A4** ## バッカナル・バフェ
Bacchanal Buffet

ライブキッチンで作りたての料理を提供

500種類以上のメニューが並ぶ圧巻のバフェ。アメリカ料理をはじめ、南米、イタリア、中国、日本など、9つのセクションがあり、目の前のキッチンで調理してくれる。

1.いちばんの目玉は目の前でカットしてくれるお肉のコーナー 2.ガラスや木を多用した落ち着きのあるインテリア

DATA ⊗フォーコーナーから徒歩1分 ⊕シーザーズ・パレス内(→P26) ⏰🍴9〜13時(木〜月曜)＄64.99、13〜22時＄79.99(火・水曜15時30分〜)

フォーコーナー周辺 **MAP P114A1** ## ザ・バフェ
The Buffet at Bellagio

高級食材が目白押しの人気バフェ

グレードの高い料理が食べられると評判。カニやカキなどシーフードが充実しているほか、寿司や天ぷらなど日本食にも力を入れている。ジェラートステーションも人気。

1.お肉の種類も豊富。目の前で切り分けてくれるのも魅力 2.高級ホテルのベラッジオにあり、内装も洗練されている

DATA ⊗フォーコーナーから徒歩1分 ⊕ベラッジオ内(→P16) ⏰🍴ブランチ:8〜15時＄44.99(金〜日曜は＄49.99)、夕食:17〜21時＄66.99(水〜日曜) ※水・土・日曜はスペシャルテーマ(カニ・イタリアン)のディナー

フォーコーナー周辺 **MAP P114A1** ## ウィキッド・スプーン
Wicked Spoon

洗練された小皿料理が並ぶ

大皿から自分で取り分けるのではなく、ほとんどの料理が小皿に盛り付けられたスタイルのため、一皿ずつのディスプレイが美しく、女性好み。魚料理、肉料理、中華などのほか、デザートの種類も豊富。

1.あらかじめ盛りつけてある料理を買い物感覚でピックアップ 2.創作料理と見た目にかわいいデザートが人気のブッフェ

DATA ⊗フォーコーナーから徒歩6分 ⊕3708 Las Vegas Blvd. S.(コスモポリタン内) ⏰🍴朝食:8〜11時(月〜金曜)＄38、ランチ:11〜15時(月〜金曜)＄45、ブランチ:9〜16時(土・日曜)＄49(＋＄25で指定のドリンク90分飲み放題)

これぞ伝統のアメリカングルメ！

お手軽だけど味は絶品
クイックフードでおなかを満たそう

手軽に食べられてリーズナブルな値段がうれしいクイックフード。深夜までオープンしている店が多く、使い勝手がよいのも旅行者にとって心強い。

フォーコーナー周辺　MAP P115A4

オート・ドグリー
Haute Doggery

豊富なトッピングがウリの人気店

マカロニチーズやアボカドなど、豊富な種類のトッピングを楽しめるのが人気のホットドッグ店。北米各地のご当地ホットドッグも味わえる。

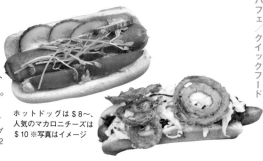

ホットドッグは＄8〜、人気のマカロニチーズは＄10 ※写真はイメージ

DATA ㊞フォーコーナーから徒歩5分 ㊟ザ・リンク・プロムナード内（→P58）☎(702)430-4435 ㊞11〜22時（金・土曜は〜23時）㊡なし

チリ・チーズ・ドッグ
Chilli Cheese Dog $9.99

ピリ辛のチリと濃いめの味付けのソーセージが食欲をそそる。オニオンなどの薬味は注文時にオーダーを。フライドポテト＄4.99〜

フォーコーナー周辺　MAP P114B1

ネイサンズ
Nathan's

NY生まれの全米チェーン店

1916年の創業以来、変わらぬ味で米国民に愛されているニューヨークの老舗。同社主催のホットドッグ早食い選手権は、日本人が連覇したことでも知られる。

DATA ㊞フォーコーナーから徒歩2分 ㊟ホースシュー内（→P31）☎(702)739-4013 ㊞7〜22時（木〜土曜は〜24時）㊡なし

フォーコーナー周辺　MAP P114A1

ピンナップ・ピザ
Pin-up Pizza

ストリップ最大級のスライスピザ

店内で焼き上げる、直径30インチ（約76cm）のピザが話題の店。10枚切りのスライスピザでも直径15インチの特大サイズ。7種類あり、味も本格的だ。

DATA ㊞フォーコーナーから徒歩8分 ㊟ミラクル・マイル・ショップス内（→P57）☎(702)785-5888 ㊞11〜24時（木・日曜は〜翌2時、金・土曜は〜翌4時）㊡なし

マルゲリータ
Margherita $8.99

モッツァレラチーズとプチトマトがのったシンプルなピザ。クリスピーで薄い生地なので軽く食べられる

バラエティに富んだショップが集結

カジュアルも高級ブランドも！
ショッピングモールでお買い物

ラスベガスは、知る人ぞ知る買い物天国。カジュアル中心のモールから超高級モールまで、
多種多様な買い物スポットが密集。深夜までショッピングが楽しめる。

フォー
コーナー
周辺 ｜ MAP
P115A4

フォーラム・ショップス
The Forum Shops

歩くだけで楽しい買い物スポット

トレビの泉がある入口から中に入ると、宮殿を思わせる
荘厳な柱やフレスコ画、その先にローマの街並みが広
がる。ルイ・ヴィトンやフェラガモなどの高級ブランド
からカジュアルブランドまで、幅広く揃う。

DATA ⊗フォーコーナーから徒歩8分 ㊟シーザース・パ
レス隣接（→P26）☎(702)893-4800 ㉔10〜21時（金・
土曜は〜22時）㊡なし

＼ 注目ポイント ／

館内の噴水広場「アトランティス」
（→P41）で12時
〜1時間ごとに無
料ショーを行っ
ている。

1.建物内のあちこちに彫刻やフレス
コ画が　2.ストリップ沿いの入り口
にあるトレビの泉　3.時間により天
井が青空から夕焼けに変化する

＼ 注目ポイント ／

ショッピングモールの中
央にあるグレートホール
では、季節に合わせた展
示やショーが期間限定で
不定期に開催される。

ストリップ
北 ｜ MAP
P115B2

ファッション・ショー
Fashion Show

ファッションに敏感な若者に人気

欧米のカジュアルブランド中心の屋内型モール。日
本でも人気のフォーエバー21の品揃えが充実してい
るほか、メイシーズやサックス・フィフス・アベニュ
ーなど、8つのデパートが入店しているのも見逃せ
ない。

DATA ⊗フォーコーナーから徒歩20分 ㊟3200
Las Vegas Blvd. S. ☎(702)784-7000 ㉔11〜
21時（金・土曜10時〜、日曜は〜19時）㊡なし

1.正面入口の巨大な屋
根"The Cloud"が目印
2.1・2階にショップ、3
階にフードコートがある

こちらも Check

クリスタルズ
Crystals

フォーコーナー周辺　**MAP P114A2**

世界のラグジュアリーブランド店が集まる超高級モール。ゆったりとした空間に洗練されたショップが並ぶ。各店舗の所有面積が広いため、コレクションが充実しているのも魅力。ラスベガス初出店のブランドも多い。

DATA ⊗フォーコーナーから徒歩10分 ⊕3720 Las Vegas Blvd. S. ☎(702)590-9299 ⊕11〜21時(金・土曜10〜22時) ⊛なし

1. 輝くクリスタルをイメージした建物
2. 直角の物がまったくない設計

グランド・キャナル・ショップス
Grand Canal Shoppes

ストリップ北　**MAP P115B3**

ベネチア観光気分でショッピング

運河沿いに店が配置され、青空が広がるサンマルコ広場にはテラスカフェが並び、大道芸人がパフォーマンスを行う。運河をゴンドラが行き交う風景は、まさにベネチアそのもの。美しい景色を眺めながら散策しよう。

DATA ⊗フォーコーナーから徒歩15分 ⊕ベネチアン内(→P20) ☎(702)414-4525 ⊕10〜21時 ⊛なし

注目ポイント

モールの屋内外の運河でゴンドラライドが楽しめる。所要時間は約10分。料金は＄34〜。運航時間は10時〜22時30分(金・土曜は〜23時30分)。

1. 船頭が歌うカンツォーネもみどころ
2. 天井など細部にもこだわりが
3. ベネチアの街のようなロマンチックな雰囲気

ミラクル・マイル・ショップス
Miracle Mile Shops

フォーコーナー周辺　**MAP P114A1**

人気のアメカジを狙うならココ!

コンサートホール「バックト・シアター」を囲むように設計された、全長1.2マイル(約2km)もの屋内型モール。欧米のカジュアルなショップがメインで、サーファーブランドや日本未上陸のブランドも多い。

DATA ⊗フォーコーナーから徒歩8分 ⊕プラネット・ハリウッド・リゾート＆カジノ内(→P30)1階 ☎(702)866-0703 ⊕10〜21時(金・土曜は〜22時) ⊛なし

1. 中東風とモダンな街並みが混在
2. ショップのほかレストランやシアターも入っており、一日中楽しめる

注目ポイント

約2kmの巨大モールの中には170以上の店舗やレストラン、シアターがあり、流行に敏感な若者にも人気。

屋外タウンで街並みを楽しみながらショッピング

注目ショッピングスポットで
個性派ショップ巡り

開放的な気分で買い物や食事が楽しめる屋外型ショッピングスポット。歩いているだけで
楽しくなるような街並みにも注目しよう。

フォーコーナー周辺　MAP P115A4

ザ・リンク・プロムナード
The LINQ Promenade

巨大観覧車が目印！ ストリップのオアシス

2014年3月の登場以来、常に賑わう話題のスポット。世界最大級の観覧車ハイローラー（→P42）をバックに、映画のセットのような街並みが続く。帽子専門店やサングラス専門店のほか、ギラデリー・チョコレートやポップな店内が目印のスイート・シンなども。

DATA ⊗フォーコーナーから徒歩5分　⌖3535 Las Vegas Blvd. S.　☎(702)322-0543　時店舗により異なる　休なし

＼ 注目ポイント ／

2階建てのみやげ店、ウェルカム・ラスベガス。ラスベガスのロゴ入り雑貨や衣類のほか、アメリカらしいジョークグッズも満載。

1.リンク最大の目玉であるハイローラーは世界最大級の大きさ　2.王道のラスベガスみやげ物店。2フロアにみやげグッズがずらり　3.ライトアップされた夜のリンクもきれい

オススメ SPOT

グーリン・ブラザーズ
Goorin Bros.

一枚のフェルトから作る「ヘリテージシリーズ」やエクアドルから取り寄せたパナマ帽が人気。オリジナルデザインも注文可能。
☎(702)732-4287　時10～22時（金・土曜は～23時）　休なし

さまざまな種類の帽子が揃う

アイ・ラブ・シュガー
i love sugar

広い店内に色とりどりのキャンディやグミ、チョコレートなどがズラリ。眺めているだけで心が浮き立つ。2階にはバーを併設。
☎(702)699-5443　時10時～23時30分（金・土曜は～翌1時30分）　休なし

お菓子のパラダイス空間

週末夜のライブは盛り上がりも最高潮

♪ ブルックリン・ボウル
Brooklyn Bowl

ボウリング場併設のライブハウス。さまざまなミュージシャンのライブ公演が行われるなか、気軽に食事が楽しめる。基本的に入場は無料だが公演によりチケットが必要。
☎(702)862-2695　時イベントにより異なる　休なし

グランド・バザール・ショップス
Grand Bazaar Shops

ラスベガス版モダンなアーケード商店街

フォーコーナーの一角に立つホースシューの前にあるショッピングスポット。イスタンブールのグランド・バザールさながら、アーケードには小さな店舗が軒を並べる。お手軽に食べられるファストフード店やスイーツ店、みやげ物店のほかに地元経営のユニークショップが多数入店している。

DATA ⊗フォーコーナーから徒歩2分 ⊕3635 Las Vegas Blvd. S. ☎(702)736-4988 時10〜22時(金・土曜は〜23時) 休なし

1.フォーコーナーの好立地に登場した新タイプのモール 2.グランド・バザール界隈は夜遅くまで人出が絶えない

スマホケース専門店や日本のラーメン店などバラエティに富んだ店が並ぶ

キャンディ専門店のイッツ・シュガーもある

ファストフード店など手軽に食べられるお店も

ザ・パーク・ベガス
The Park Vegas

ニューヨークの雰囲気をプチ体験！

ニューヨーク・ニューヨークのブルックリン・ブリッジを中心とするプラザから、ティーモバイル・アリーナに続く遊歩道。ユニークな店舗やレストランが集まっている。

DATA ⊗フォーコーナーから徒歩20分 ⊕3784 Las Vegas Blvd. S. ☎(702)740-6969 時店舗により異なる 休なし URL www.newyorknewyork.com

1.ブルックリン・ブリッジではイベントが行われることも 2.街路樹も美しいプロムナード。朝の散歩をする人も多い 3.ニューヨーク発のバーガー店、シェイク・シャックも人気

憧れのブランド品もお得にゲット

郊外のアウトレットで
ショッピングクルーズ

ラスベガス市内とその近郊にあるアウトレットは3軒。なかでも名だたるブランドが結集する
プレミアム・アウトレット・ノースはイチオシ。掘り出し物を探しに繰り出そう。

ダウン タウン	MAP P112B1

ラスベガス・プレミアム・アウトレット・ノース
Las Vegas Premium Outlets North

一流ブランドから生活雑貨まで揃う

人気の高いショップが175店舗以上軒を並べる、ラスベガス一の規模を誇るアウトレットモール。人気のデザイナーズブランドや高級ブランドが常時25〜65%オフ。ストリップからは離れているが、市バスのCXを利用して行くことができる。

DATA ⊗ フォーコーナーから車で15分 ⓐ875 S. Grand Central Pkwy. ☎(702)474-7500 ⊖10〜20時（日曜11〜19時）⊗なし

1.屋外のモールなので夏は暑さ対策を十分考えて 2.人気のショップには行列ができることも 3.カラフルな雑貨を見ているだけで楽しい

＼ 注目ポイント ／

コーチやトリー・バーチなど日本でも人気のブランドから、チャンピオンやニューバランスなどのスポーツブランド、ロクシタンなどのコスメブランドまで幅広いジャンルのショップが揃う。

Check バラエティ豊かなグルメが集結

フードコート Food Court

全面ガラス張りの明るい建物に、中華やアメリカン、軽食など14軒が並ぶ。テーブルは屋内外にあり、気軽に利用できる。両替センターもある。

モールの中心にあるので待ち合わせにも便利

1.ローカル御用達のアウトレット 2.フードコートは2カ所、合わせて13店舗

＼ 注目ポイント ／

日本でもおなじみのアディダスやコンバースのほか、ブランドシューズがお得に買えるフェイマス・フットウェアも入る。

ラスベガス 南部	MAP P113B4

ラスベガス・プレミアム・アウトレット・サウス
Las Vegas Premium Outlets South

身近なカジュアルブランドが目白押し

ラスベガス・プレミアム・アウトレット・ノース（→P60）と同系列。こちらは南北に延びた屋内型のショッピングモールだ。ノースと比べてカジュアルブランドが多く、特にコールハーン、プーマ、スケッチャーズ、クロックスなど靴専門店だけでも60軒近くある。

DATA ⊗ フォーコーナーから車で15分 ⓐ7400 Las Vegas Blvd S. ☎(702)896-5599 ⊖10〜20時（日曜11〜19時）⊗なし

気軽に買えて喜ばれること間違いなし！

ばらまき用にも使える プチプラみやげをゲット

せっかく旅行に来たならラスベガスらしいおみやげは手に入れたい。
友達用にも自分用にも使えるお財布にうれしいプチプラみやげが買えるお店を一挙にご紹介。

フォーコーナー周辺●MAP P114A1

セフォラ
Sephora

フランス最大のコスメブランド。化粧品から香水、バスグッズまで幅広く取り揃える。セフォラオリジナルのメイク道具も機能的で種類も豊富。⊗フォーコーナーから徒歩8分 ㊤ミラクル・マイル・ショップス内（→P57）☎(702)737-0550 ㊐10〜21時（金・土曜〜22時）㊡なし

フォーコーナー周辺●MAP P114A1

ラッシュ
Lush

イギリス生まれのフレッシュハンドメイドコスメ。オーガニックの果物や野菜、エッセンシャルオイルを使ったフェイスケア、ヘアケアなどが揃う。⊗フォーコーナーから徒歩8分 ㊤ミラクル・マイル・ショップス内（→P57）☎(702)734-0310 ㊐10〜21時（金・土曜〜22時）㊡なし

フォーコーナー周辺●MAP P114A2

ウォルグリーンズ
Walgreens

全国展開するアメリカ最大手ドラッグストアで、ストリップに4店舗を構える。薬から日用品、コスメ、菓子、飲み物まで豊富。ラスベガスならではのみやげも豊富。⊗フォーコーナーから徒歩10分 ㊤3717 Las Vegas Blvd. S. ☎(702)262-0635 ㊐24時間 ㊡なし

ストリップ●MAP P114A2

エム・アンド・エムズ・ワールド
M&M's World

世界中で愛されているチョコレートブランドの旗艦店。4階建ての建物には、カラフルで楽しいグッズがいっぱい。20種類以上のチョコを袋詰めにできるコーナーも。⊗フォーコーナーから徒歩20分 ㊤3785 Las Vegas Blvd. S. ☎(702)740-2504 ㊐9〜24時 ㊡なし

フォーコーナー周辺●MAP P114A1

スキンズ・シックス・トゥー
Skins 6/2

アメリカをはじめ、イタリア、日本など世界中から厳選したスキンケア、メイク用品を扱うセレクトショップ。メイクやトリートメントもお試し可能。⊗フォーコーナーから徒歩6分 ㊤3708 Las Vegas Blvd. S.（コスモポリタン内）☎(702)698-7625 ㊐9〜21時 ㊡なし

ストリップ●MAP P114A1

コカ・コーラ・ストア・ラスベガス
Coca-Cola Store Las Vegas

世界最大級のコカ・コーラのオフィシャルグッズ専門店。小物からインテリアまで、さまざまなデザインのロゴグッズが並ぶ。ドリンクコーナーではコーラの飲み比べも。⊗フォーコーナーから徒歩20分 ㊤3785 Las Vegas Blvd. S. ☎(702)270-5952 ㊐10〜22時 ㊡なし

フォーコーナー周辺●MAP P114A1

シュガー・ファクトリー
Sugar Factory

色とりどりのキャンディが店内を埋めつくす。スイーツやセレブデザインのオリジナルロリポップのほか、雑貨も揃う。⊗フォーコーナーから徒歩8分 ㊤ミラクル・マイル・ショップス内（→P57）☎(702)777-1216 ㊐11〜23時（土曜10時〜翌1時、日曜10時〜）㊡なし

ストリップ●MAP P114A2

ハードロック・カフェ
Hard Rock Cafe

世界中で展開する店舗のなかでも最大級。ギターをモチーフにしたオリジナルグッズが充実。特にラスベガス限定アイテムは見逃せない。1階がショップ、2階がレストラン＆バーになっている。⊗フォーコーナーから徒歩18分 ㊤3771 Las Vegas Blvd. S. ☎(702)733-7625 ㊐7時30分〜24時 ㊡なし

ラスベガス南部●MAP P113B4

ホールフーズ・マーケット
Whole Foods Market

オーガニックの食品を中心に、コスメからバスグッズまで、体にやさしいナチュラル系のアイテムを扱う。地元客に混ざって広い店内を見てまわるだけでも楽しい。⊗フォーコーナーから車で11分 ㊤6689 Las Vegas Blvd. S. ☎(702)589-7711 ㊐7〜22時 ㊡なし

ストリップ●MAP P114A2

ハーシーズ・チョコレート・ワールド
Hershey's Chocolate World

おなじみのハーシーの板チョコをはじめ、キスチョコ、リーセスチョコのグッズがズラリ。ブラウニー$8.95〜なども販売。⊗フォーコーナーから徒歩20分 ㊤ニューヨーク・ニューヨーク内（→P27）1階 ☎(702)437-7439 ㊐9〜24時（金・土曜〜翌1時）㊡なし

ストリップ●MAP P114A2

ABCストア
ABC Store

ハワイに拠点をおくコンビニエンスストア。アメリカ本土ではラスベガスのみに出店。ラスベガスグッズのほか、ハワイのアイテムも充実している。⊗フォーコーナーから徒歩18分 ㊤3771 Las Vegas Blvd. S. ☎(702)736-5937 ㊐8〜24時（金〜日曜は〜翌1時）㊡なし

ストリップ●MAP P116B2

ボナンザ・ギフトショップ
Bonanza Gift Shop

自称「世界最大」のみやげ物屋さん。広大な店内には、ラスベガスサインの入った雑貨やTシャツ、アクセサリーなどがズラリ並ぶ。手頃な価格帯の物が多い。⊗フォーコーナーから車で8分 ㊤2440 Las Vegas Blvd. S. ☎(702)385-7359 ㊐8〜23時 ㊡なし

昔懐かしいラスベガスの面影が残る

ダウンタウンでイルミネーション観光

"ラスベガス発祥の地"であるダウンタウン。庶民的なカジノホテルが軒を連ね、古き良き時代の雰囲気が味わえる一方、夜は電飾ショーが行われる。せっかくなら夜に訪れよう。

音楽に合わせて天井がスクリーンに早変わり

1 MAP P117B2 フリーモント・ストリート・エクスペリエンス
Fremont Street Experience

ダウンタウン名物のド派手なショー

長さ約420m、幅約27mのアーケードで行われる音と光のショー。大音響の音楽が流れ、世界最大規模のLEDのライトが組み込まれた天井に映し出される驚きのビジュアルは一見の価値がある。映像は数パターンあり、ライブ会場にいるような熱気と雰囲気が味わえる。

DATA ⓐFremont St. (bet. Main & 4th Sts.) ☎(702)678-5600 ⓣ18時〜翌2時の毎正時(季節により変動あり) ⓗなし

夜遅くまで開いている店も多く人通りが絶えない

ショータイムは約6分間。曲目は毎回異なる

2 MAP P117A2 オスカーズ・ステーキハウス
Oscar's Steakhouse

夜景とともに最高級の味を堪能

ダウンタウン復興に力を注いだラスベガスの前市長、オスカー・グッドマンが経営。名物のステーキは＄54〜。往年のラスベガスに敬意を表し、クラシックな雰囲気、記念品の展示など、古き良き時代が感じられる。

DATA ⓐMain St. プラザ・ホテル＆カジノ内 ☎(702)386-7227 ⓣ17〜22時 ⓗなし 🍷🅿

厚切りのプライム・リブ＄56は焼き加減も絶妙

フリーモント・ストリートを見渡せる好立地

ダウンタウンへのアクセス
ストリップ中心部からはタクシーを利用するか、公共バスのデュースやSDXを利用する。フォーコーナーからダウンタウンまでは、渋滞がなければタクシーで約15分、SDXで約35分。

街歩きのポイント
明るく人通りの多いフリーモント・ストリートを歩くのは問題ないが、裏道に入ると治安のよくない場所もあるので、夜は注意が必要。

3 MAP P117A2 ゴールデン・ナゲット
Golden Nugget

一流のサービスと施設が自慢

ダウンタウン随一の豪華ホテル。サメが泳ぐ水槽の中を通したウォータースライダーのプールが有名。

DATA ☎(702)385-7111

1946年創業の歴史ある老舗ホテル

④ MAP P117B2 ビニオンズ
Binion's Gambling Hall

伝説の老舗カジノ

1951年創業のカジノホテル。カジノフロアの一角に、現金100万ドルを積み上げたピラミッドを展示している。

DATA ☎(702)382-1600

カジノとレストランのみで宿泊施設はない

⑤ MAP P117A2 フォー・クイーンズ
Four Queens Resort & Casino

ストリートの中央にある老舗ホテル

以前は内部がやや暗めで入りづらかったが、改装後はホテル内全体が明るく派手な雰囲気になった。飲食店が充実していることでも人気がある。

DATA 🏠202 E Fremont St. ☎(702)385-4011 💰スタンダード$55〜、スイート$155〜(リゾート料金なし) 🌐www.fourqueens.com

ホテル前にはボックスオフィスがある

⑥ MAP P117B2 コンテナ・パーク
Downtown Container Park

小さな箱型ショップにワクワク満載

雑貨店やビーフジャーキー専門店など、個性的なショップやレストランが並ぶ複合施設。各店の建物は貨物用のコンテナで統一。ステージではイベントも開催。

DATA 🏠707 Fremont St. ☎(702)359-9982 🕐11時30分〜20時(金・土曜11〜21時、日曜11時〜)、レストランは〜23時(金・土曜は〜翌1時、日曜11〜20時) 🚫なし

こぢんまりとしたギャラリースペースもある

こちらも必見!

ネオン博物館 The Neon Museum
MAP P117B1

カジノやレストランで役目を終えたネオンサインを展示する屋外博物館。メイン展示ボーンヤードの見学のほかナイトショー「ブリリアント・ジャックポット」も楽しめる。日中は自由に見学できるが、夜間の見学はガイドツアーのみ(9月の毎週水曜日を除く)。

DATA 🚇フリーモント・ストリートから徒歩15分 🏠770 Las Vegas Blvd. N. ☎(702)387-6366 🕐15〜23時(5〜8月16〜24時、11〜2月14〜22時) ※ツアー・ショーの実施日や時間はHPで確認 🚫なし 💰デイツアー$20、ナイトツアー$28〜、ナイトショー$23 🌐www.neonmuseum.org 📷

ナイトツアーでは復元されたネオンも見学できる。事前予約推奨

現地発着ツアー

滞在日数の少ない旅行者でも、無駄な時間や手間を省いて効率よくみどころをまわることができるのが、現地発着のガイド付きツアー。市内観光から郊外の大自然を巡るツアーまで、多彩なコースが揃っている。

①出発・帰着時間　②所要時間　③催行日
④料金　⑤日本語ガイド
※下記の料金は1名分。観光バス（またはバン）料金、日本語による案内料、入場料、チップ、飛行機やアムトラック利用のツアーはその往復運賃を含む

ルックアメリカンツアー
Look American Tours JTB USA Inc.

DATA ☎1(800)566-5582（米国内フリーダイヤル）/
(212)424-0800（ともに日本語可）　時6〜14時 ※米国
西海岸標準時間　休土・日曜、祝日
E-mail：look@jtbusa.com
URL www.looktour.net/（オンライン予約可）

ツアー利用時の注意

※2023年7月現在のツアー内容・料金です。
※これらのツアーには、クリスマス、年末年始および特定日などは不催行となるツアー、時期が限定されるツアーなども含まれます。また、天候や交通事情などによりツアー内容が変更される場合もあります。
※宿泊を含むツアーは遅くとも2週間前までにお問合せください。
※ツアー料金に含まれているものや集合場所などの詳細は、予約時にご確認ください。

大人気ツアー TOP4

グランド・キャニオン宿泊
アンテロープとセドナも観光する2日
〜日本語ガイド付き〜

①5時30分出発　②1泊2日
③月・火・木・土曜　④$599〜
⑤あり

世界遺産のグランド・キャニオン国立公園、大人気のセドナとアンテロープ・キャニオンの1泊2日欲張りツアー！

▶1日目

5:30〜7:00	ラスベガス主要ホテル出発
10:00	ルート66ゆかりの街 セリグマン散策
12:00	セドナ到着 エアポート・メサを見学（約20分） アップタウンにて昼食・自由散策とショッピング（約90分）
夕刻	グランド・キャニオン国立公園見学 グランド・キャニオン国立公園泊

▶2日目

日の出前	ホテル出発 グランド・キャニオン国立公園到着（朝日観賞） マーサー・ポイント観光（約30分） デザート・ビュー・ポイント観光（約45分） ロウアー・アンテロープ・キャニオン観光（約90分）
12:00	ペイジの町で昼食
18:00〜	ラスベガス主要ホテル到着

※アンテロープご予約状況に伴い1日目と2日目の行程が入れ替わる場合あり

ルート66を走る
5大絶景フォトジェニックスポット日帰り観光
〜日本語ガイド付き〜

①2〜19時　②約17時間　③毎日（除外日あり）　④$399〜　⑤あり

インスタ映えポイント盛りだくさんの贅沢な日帰りツアー。

2:00〜2:30	ラスベガス主要ホテル出発 途中星空観賞
7:00	レイク・パウエル観光
7:20	ホースシュー・ベンド観光
8:30	アンテロープ・キャニオン見学
10:50	モエベ・ダイナソートラック見学
12:00	グランド・キャニオン国立公園見学
13:45	グランド・キャニオン国立公園出発
15:10	ルート66ロードサインで写真撮影
18:45〜21:00	ラスベガス主要ホテル到着

絶景ホテル「ザ・ビュー」に泊まる
ゆったりグランドサークル3日間

①早朝発（時間未定）　②2泊3日　③特定日　④$1198〜
⑤あり

モニュメント・バレーの絶景ホテルとグランド・キャニオン国立公園内に泊まって、感動の朝日と夕景を観賞！

▶1日目

早朝	ラスベガス指定ホテル集合 ラスベガス出発、アンテロープ・キャニオンへ（約5時間） アッパーアンテロープ・キャニオン観光
午後	ホースシュー・ベンドへ向けて出発 ホースシュー・ベンド観光 ペイジ出発、モニュメント・バレーへ（約2時間） 途中、フォレストガンプポイントへ立ち寄り ザ・ビュー泊 各自モニュメント・バレーの夕景観賞

▶2日目

午前	各自朝日観賞 モニュメント・バレー観光（1.5時間）
午後	グランド・キャニオン国立公園観光（約2時間）
夕刻	グランド・キャニオン国立公園泊

▶3日目

午前	グランド・キャニオン朝日観賞 セドナ観光
午後	インターステーツ（ハイウェー）を通りラスベガスへ（約6時間） 途中、ルート66ゆかりの街セリグマン立ち寄り
18:00〜20:00	ラスベガス到着

陸路で行く世界遺産
グランド・キャニオン1日観光
〜日本語ガイド付き〜

①6〜19時　②約13時間　③毎日（除外日あり）　④$219〜
⑤あり

途中ルート66にも立ち寄る陸路の旅。ドライバーは安心の2人体制。

6:00	ラスベガス主要ホテル出発（ルート66ゆかりの街キングマンとセリグマンで休憩）
11:30ごろ	グランド・キャニオン国立公園到着、BOXランチ配布（マーサー・ポイント、ブライト・エンジェル観光）
17:00	キングマンで休憩
18:30〜	ラスベガス主要ホテル到着

ピンクジープで行く！
レッドロック・キャニオン 半日観光（午前／午後）

日本ではあまり見ることのない大型ピンクジープで豪快に観光。

①8〜12時、13〜17時 ②約4時間 ③毎日（除外日あり） ④$118〜 ⑤なし

8:00	ラスベガス主要ホテル出発
9:00	レッドロック・キャニオン到着 カリコヒルズ、オーバールックなど観光
11:00	レッドロック・キャニオン出発
12:00〜	ラスベガス主要ホテル到着

シーニック航空で行く！
ハマー＆ヘリコプターでグランドキャニオン・デラックス1日観光

遊覧飛行付きで空と陸からグランドキャニオンの絶景を満喫。

①7〜16時 ②約9時間 ③毎日（除外日あり） ④$849〜 ⑤なし（機内に日本語オーディオあり）

7:00	ラスベガス主要ホテル出発
9:15	グランド・キャニオン遊覧飛行（フーバーダム、ミード湖、グランド・キャニオン上空を遊覧飛行）
11:00	グランド・キャニオン遊覧飛行 ハマーに乗り換え地上観光
13:55	グランド・キャニオン空港出発
15:10	ボルダーシティ空港到着
16:00〜	ラスベガス主要ホテル到着

※日によってフライト時間が異なる

ラスベガスの夜景も鑑賞する贅沢絶景めぐり！
世界遺産グランドキャニオン・アンテロープ・ホースシュー・ベンド1日観光

アメリカ西部の4大人気スポットをテンポよく巡るお得なツアー。

①4〜22時（冬期3時〜） ②約18時間 ③日・水・金曜 ④$399〜 ⑤あり

4:00（冬3:00）	ラスベガス主要ホテル出発
9:30	グランド・キャニオン国立公園到着 マーサー・ポイント観光（約45分） デザートビュー・ポイント観光（約30分）
13:30	ペイジ到着、昼食配布 ローワー・アンテロープ・キャニオン見学
16:00	ホースシュー・ベンド観光 レイクパウエル観光
22:15〜	ラスベガス主要ホテル到着

シーニック航空で行く！
グランド・キャニオン遊覧飛行

最も短時間でグランド・キャニオンの渓谷美を観光。

①8〜12時 ②約4時間 ③毎日（除外日あり） ④$229〜 ⑤なし（機内に日本語ナレーションシステムあり）

7:50	ラスベガス主要ホテル出発
9:30	ボルダーシティ空港出発（ミード湖、フーバーダム、グランド・キャニオンのウエスト・リムを上空から1時間15分の遊覧観光）
10:45	ボルダーシティ空港到着
12:00〜	ラスベガス主要ホテル到着

シーニック航空で行く！
グランド・キャニオン・ウエスト・リム（スカイウォーク付き）

絶壁から空中に突き出したガラスの橋、スカイウォークを歩いて谷底を眼下に望む。

①6時〜13時30分、12時〜19時30分 ②約7.5時間 ③毎日（除外日あり） ④$384〜 ⑤なし

6:00	ラスベガス主要ホテル出発
7:30	ボルダーシティ空港出発
8:15	グランド・キャニオン空港到着（シャトルバスでイーグル・ポイントや、スカイウォーク、グアノ・ポイントなどを観光）
12:15	グランド・キャニオン・ウエスト空港出発
12:55	ボルダーシティ空港到着
13:30〜	ラスベガス主要ホテル到着

※日によってフライト時間が異なる

ラスベガスを歩こう！
ラスベガス ウオーキングフォトツアー

カメラを片手に街案内を聞きながら、フォトジェニックスポットへ。

①10時〜12時15分 ②約2時間15分 ③毎日（除外日あり） ④$89〜 ⑤あり

10:05	ベラジオホテル内のボタニカルガーデンを探索
10:30	ベラジオ噴水前で記念撮影
10:45	コスモポリタンで撮影
11:20	アリア・リゾート＆カジノで撮影
11:30	ハードロック・カフェ看板で撮影
11:35	コカ・コーラストア、エム・アンド・エムズ・ワールドでおみやげ探し
12:00	ニューフォーコーナーで撮影
12:15	ニューヨーク・ニューヨークで解散

夜のお散歩決定版！
ラスベガス ナイトウォーキングフォトツアー

ラスベガスの中心街をゆっくり歩いて散策。きらびやかなホテルなどSNSに最適な写真スポットで撮影。

①20時30分〜22時45分 ②約2時間15分 ③木〜日曜（除外日あり） ④$89〜 ⑤あり

20:30	TI海賊船前に集合
20:40	ミラージュで火山噴火を見学
21:15	ベネチアン＆パラッツォで撮影
22:15	ザ・リンク・プロムナードを通りフラミンゴ・ラスベガスへ
22:30	フォーコーナーで撮影
22:45	ベラジオの噴水前で解散

ピンクジープで行く！
ラスベガス・夜のシティライトとハイローラー・ツアー

オフロード用に改造されたオープンエアのピンクジープでイルミネーションできらめく名所を巡る。

①18時30分〜21時30分 ②約3時間 ③毎日（除外日あり） ④$122〜 ⑤なし

18:30	ラスベガス主要ホテル出発 ラスベガスサインの前で下車 ウエディングチャペル街、質屋街など車窓観光 ミラージュの火山噴火ショー見学 ハイローラー乗車
21:30〜	ラスベガス主要ホテル到着

ネオン輝く夜のラスベガスを豪華ヘリコプターで空中散歩！
〜Welcome シャンパン付き〜
ラスベガス・ヘリコプター夜景観賞ツアー

ネオンで輝く夜のラスベガスを空の上から観賞する贅沢なツアー。

①19〜21時 ②約2時間 ③毎日（除外日あり） ④$154〜 ⑤なし

19:00	ラスベガス主要ホテル出発
19:30	ヘリポート着 ヘリコプター夜景観賞（約15分）
21:00〜	ラスベガス主要ホテル到着

市内交通

ストリップ周辺は公共の交通機関が発達しており、旅行者でもすぐに歩きまわることができる。
ダウンタウンなど南北への移動は、市バスやデュースを使おう。

◯ 街のまわり方

主要ホテルをはじめ、主な観光スポットはストリップ周辺に集中しているので、ラスベガス市内では、
バスやモノレール、タクシーを利用すれば、スムーズに移動することができる。

●ストリップの渋滞に注意!

ストリップの端から端への移動や、ダウンタウンへ行く
なら、モノレールやタクシーをうまく組み合わせて利用
しよう。タクシーはメーター制なので安心して利用でき
る。ただし、ストリップの混み具合によってはかなり時
間がかかることもある。「ストリップは常に混んでいる」
くらいの認識で時間に余裕をもって行動しよう。

●歩道橋と動く歩道

ストリップには横断歩道が案外少ない。通りの反対側
へ行くのに遠回りを余儀なくされることもあり、思った
以上に歩くことになる。フォーコーナー、ニューフォー
コーナーはすべて歩道橋でつながっており、道路の横
断は不可。ストリップからエントランスまで、かなり距
離があるホテルも多いが、動く歩道を設けているホテル
も多いのでなるべく利用しよう。

●時間があればバスで

ホテルの規模が巨大なストリップでは、隣のホテルでも
かなり距離があるので、移動には時間がかかる。各ホテ
ルを結ぶ公共の交通機関やタクシーをこまめに利用す
るのがおすすめだ。ストリップを走る2階建てバスのデ
ュースは、料金も安く気軽に利用できる。ただしデュー
スは各停留所に停車するので、その分時間がかかり、長
距離移動には不向き。急いでいるならタクシーを利用し
よう。短距離走行に
慣れているラスベガ
スのタクシー。たと
え行き先が隣のホテ
ルでも、ドライバー
に嫌な顔をされるこ
とはない。

目的地によってはモノ
レールの活用度も高い

ワンポイントアドバイス

◯1日券を利用しよう

バスで移動するなら24時間有効
な24 Hour All Access Pass $8
がオススメ。時間内ならデュース、
市バスどれでも利用できる。小銭
を用意するわずらわしさもなく、
何よりお得。チケットは停留所の自動券売機や運転
手から購入できる。お得な3日パス $20もある。

お得な24時間パス

◯ストリップの渋滞時には

ストリップは平日の場合は夕方から、週末は昼から渋
滞するケースが多い。渋滞がひどいときは、1つ2つ
先のホテルなら、歩いたほうが早いこともある。ただ
し地図で見ると近いように見えても、ホテル間は離
れていることを覚えておこう。また、夏場の日中はか
なり暑いので、歩く場合は水分補給などの熱中症対
策を忘れずに。

◯無料の交通機関は利用価値大

ホテルの無料トラム
同系列のホテル同士を結ぶトラムが3路線あり、誰で
も無料で利用できる。近距離の移動に便利だ。

●エクスカリバー～ルクソール～マンダレイ・ベイ線
⏰8～24時(土・日曜10時～)、3～7分間隔で運
行。マンダレイ・ベイ発のみルクソールに停車す
る。各駅間は3分程度。

●TI～ミラージュ線
⏰12～21時(金・土曜は～翌2時)、約5分間隔で運
行。各駅間は1分30秒程度。

●ベラッジオ～シティセンター～パークMGM／アリタ線
⏰24時間、10～15分間隔で運行。各駅間は1～2分。

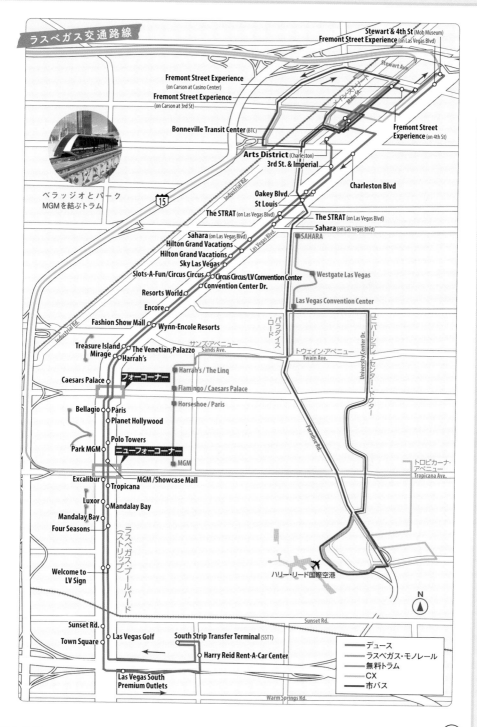

Stewart & 4th St (Mob Museum)
Fremont Street Experience (on Las Vegas Blvd)

Stewart Ave.

Fremont Street Experience
(on Carson at Casino Center)

Fremont Street Experience
(on Carson at 3rd St)

Bonneville Transit Center (BTC)

Fremont Street
Experience (on 4th St)

Arts District (Charleston)
3rd St. & Imperial

Charleston Blvd

ベラッジオとパーク
MGMを結ぶトラム

Industrial Rd.

Oakey Blvd.
St Louis

The STRAT (on Las Vegas Blvd)   The STRAT (on Las Vegas Blvd)

Sahara (on Las Vegas Blvd)   Sahara (on Las Vegas Blvd)
Hilton Grand Vacations   SAHARA
Hilton Grand Vacations
Sky Las Vegas   Westgate Las Vegas
Slots-A-Fun/Circus Circus   Circus Circus/LV Convention Center
Circus Circus   Convention Center Dr.
Resorts World   Las Vegas Convention Center
Encore

Las Vegas Blvd.

Fashion Show Mall   Wynn-Encole Resorts

Treasure Island   サンズ・アベニュー
Mirage   The Venetian, Palazzo   Sands Ave.
Harrah's

パラダイス・ロード

トウェイン・アベニュー
Twain Ave.

University Center Dr.

Caesars Palace   フォーコーナー   Harrah's / The Linq
Flamingo / Caesars Palace

Bellagio   Paris   Horseshoe / Paris
Planet Hollywood

Polo Towers
Park MGM   ニューフォーコーナー
MGM

Paradise Rd.

トロピカーナ・アベニュー
Tropicana Ave.

Excalibur   MGM /Showcase Mall
Tropicana

Luxor
Mandalay Bay   Mandalay Bay
Four Seasons

ラスベガス・ブールバード（ストリップ）

Welcome to
LV Sign

ハリー・リード国際空港

N

Sunset Rd.   Sunset Rd.

Town Square   Las Vegas Golf   South Strip Transfer Terminal (SSTT)

Harry Reid Rent-A-Car Center

Las Vegas South
Premium Outlets

デュース
ラスベガス・モノレール
無料トラム
CX
市バス

Warm Springs Rd.

Las Vegas Travel Info

市内交通

67

○ バス　Bus

旅行者にとって便利なのが、ストリップを南北に走るデュース(Deuce)とローカルの足として運行されている市バス。運営はすべてRTC。
※いずれも乗り降りに時間がかかることやストリップの混雑などで、思った以上に時間がかかる。

● デュース　Deuce

フォーシーズンズからダウンタウンのFremont Street Experience(on Las Vegas Blvd.)までを走る観光客向けの2階建てバス。バス停はストリップ沿いの主要ホテル近くにあるので便利。
🈹2時間パス $6、24時間パス $8、3日間パス $20。市バスと共通券
🈟24時間。7時～翌1時は10～15分間隔、1～7時は20分間隔で運行

● 乗ってみよう

1 バス停を探す
青地に白のDeuceの文字が目印。バス停はストリップ沿いに点在しており、通り沿いから乗降できる。必ずしもホテルのエントランスに近いとは限らない。

2 路線を確認する
バス停に設置された路線図で、下車する停留所を確認する。

3 乗車する
乗車は前方のドアから。運転席横のボックスに運賃を投入。おつりは出ない。24時間などのパスは読み取り機に通す。パスはあらかじめ停留所の自動券売機で購入しておこう。有効期間内なら、デュース、市バス、いずれにも使える。

STOPボタンは手すりの目立つところについている

4 降車する
降車の際は「STOP」と書かれた赤いボタンを押すだけ。軽い音がするだけだが、車内の電光掲示板に「STOP REQUESTED」の赤い文字が光るので確認できる。

● 市バス　City Bus

40以上の路線があるローカル向けのバス。運賃は安いが、乗る場合は行き先をよく確かめて。
🈹シングルライド$4　🈟24時間(ルートにより異なる)

○デュース路線図

フリーモント・ストリート
エクスペリエンス
Fremont Street Experience

Bonneville Transit Center (BTC)

Arts District (Charleston)

3rd St. & Imperial

Oakey Blvd.

St.Louis Ave.

The STRAT

サハラ
Sahara Las Vegas

Hilton Grand Vacations

Sky Las Vegas

Slots-A-Fun/　サーカス・サーカス/
Circus Circus　Circus Circus/
　　　　　　　LV Convention Center

Resorts World　Convention Center Dr.
Las Vegas

Encore

ウィン
Wynn

Fashion Show Mall

トレジャー・アイランド　ベネチアン
Treasure Island　Venetian

	南行き South Bound
	北行き North Bound

ミラージュ　ハラーズ
Mirage　Harrah's

シーザーズ・パレス　パリス
Caesars Palace　Paris

ベラッジオ　プラネット・ハリウッド
Bellagio/　Planet Hollywood
Cosmopolitan　Polo Towers

パーク MGM　MGM/Showcase Mall
Park MGM

エクスカリバー　トロピカーナ
Excalibur　Tropicana

ルクソール
Luxor

マンダレイ・ベイ
Mandalay Bay

Four Seasons

ウェルカム・トゥ・LV サイン
Welcome to LV Sign

サウス・ストリップ
トランジット・ターミナル (SSTT)
South Strip Transit Terminal
(SSTT)

サンセット Rd.
Sunset Rd.

タウン・スクエア　ラスベガス・ゴルフ
Town Square　Las Vegas Golf

Herry Reid
Rent-A-Car Center

LV サウス・プレミアム・アウトレット
LV South Premium Outlets

観光に便利な
デュース

○ モノレール Monorail

ストリップ南部の中心地に立つMGMグランドと、北部のサハラ・アベニューまで、7つの駅を片道15分で結んでいる。渋滞に左右されることなく、ストリップの中心部を長距離移動するときに便利。
※モノレールの路線はストリップ沿いではなく、実際にはホテルの裏手を走るため、どの駅もストリップから離れている。

● 料金と運行時間

㊜1回$6(Eチケット$5.50)。1日券$13.45、3日券$29.95 ㊞7時～翌2時(月曜日は～24時、金～日曜日は～翌3時)。4～8分間隔で運行

自動券売機で切符を買う

①料金を確認する

まずは切符の種類が表示された画面を見て、料金を確認する。その後Single Ride(1回券)など切符の種類や購入枚数など、希望の表示にタッチ。

②お金を入れる

合計金額の表示されたら、挿入口にお金を入れる。紙幣はここから、コインはこの少し上に挿入口がある。クレジットカードも利用できる。

③切符を取り出す

切符は券売機下部にある取り出し口から出てくる。

● 乗ってみよう

1 駅を探す

駅はいずれもストリップから入ったホテルの奥に位置している。ホテルによって案内表示が異なるので、わかりにくい場合はスタッフに尋ねよう。

丸い看板が立つ

2 切符を買う

どの駅も自動券売機で買う。タッチパネルの指示に従って進めばいいだけなので迷うことはないだろう。

3 改札を通る

日本の改札と同様の形式の自動改札機を通る。カード挿入口にチケットを入れ、ゲートが開いたら通り抜けて、出てきたチケットを引き抜く。

4 乗車する

ホームには自動扉が立てられており、モノレールが入ってきたら開く仕組みになっている。

5 降車する

停車駅についてのアナウンスが一応あるが、7駅しかないので次がどの駅かはすぐわかる。自動改札機にチケットを通して、ゲートが開いたら外へ。

○ タクシー Taxi

ダウンタウンや空港、ストリップから離れたホテルに行くならタクシーを使ったほうが早い。メーター制なので、安心して利用することができる。基本的に流しのタクシーはないので、ホテルやショッピングセンターの入口にあるタクシー乗り場から利用しよう。ホテルの場合、フロント入口(レジストレーション・エントランスRegistration Entrance)とカジノの入口(カジノ・エントランスCasino Entrance)は別なので、降りたい場所は明確に伝えること。
㊜初乗り1/12マイルまで$3.50。以降1/12マイルごとに$0.23加算(メーターの料金に3%のタックスが加算される。クレジットカード払いは手数料別途$3)。㊞24時間

タクシーのチップ

チップの目安は、料金が$8程度なら$1、$8以上なら料金の18～20%。

● 乗ってみよう

1 タクシーを探す

タクシー乗り場には、「TAXI LINE」「TAXI STAND」などの表示がある。ショーが終わった時間帯は混雑するので、帰りのルートや時間はあらかじめ計算しておこう。小規模なスーパーからタクシーを呼ぶと、30分から1時間ほど待つことも。

2 乗車する

ドアの開閉は手動。主なホテルやショッピングセンター、レストラン名などを伝えればOK。

ドアは自分で開ける

3 降車する

運転手がつり銭を持っていない場合もあるので、短距離で高額紙幣の使用は避けたい。クレジットカードでの支払い不可のタクシーもある。下車後にドアを閉めるのを忘れずに。

料金はチップを加えた金額を支払う

プチ情報　タクシーは、セダン、ミニバン各タイプがあるが、料金は同一。待っていてもらう場合は、1時間ごとに$32.40。空港から乗ると$2の空港通行料がかかる。

⭕ レンタカー　Rent a Car

ラスベガス滞在中に郊外へのドライブを楽しむなら、レンタカーを借りてみよう。空港や主要ホテルには大手レンタカー会社のカウンターがある。

ショッピングなどでも車があると便利

● 借りる

○日本で予約する

予定が決まっていれば、日本で予約しておくと便利。割安な料金が利用できたり、保険料が含まれたプランも選べる。日本のレンタカー会社予約事務所に連絡し、希望日、ピックアップの時間と場所、車種を伝えると、後日、予約確認書が送られてくる。現地で車をピックアップする際には予約確認書と、日本の免許証、免許証と同じ名義のクレジットカード、パスポートが必要。
ラスベガスのあるネバダ州では、自分の国で有効な運転免許証があれば運転できるので、日本の免許証で運転できる。ただし、トラブルの際などに国際運転免許証の提示が求められる場合がある。万一に備え国際運転免許証を携帯しておくと安心だ。運転免許証の翻訳フォームを発行しているレンタカー会社もある。

○現地で借りる

空港や主要ホテルのカウンターで直接申し込む。希望車種や借りる日数、運転者が複数いる場合は、その件も伝えて登録してもらおう。料金には保険料が含まれていないが、 対人・ 対物の損害賠償保険(Liability Protection)の加入は義務。また万が一に備え、自車両損害賠償(CDW)にも必ず加入しておこう。申込み時に「フルカバー(Full Cover)」と告げて、すべての保険に入っておけば、まず安心だ。

● 返却する

借りた場所で返すのが基本だが、追加料金もしくは無料でほかの営業所で返却(乗り捨て)できる場合もある。ガソリンは自分で満タンにして返すか、割高になるが満タン料金をオプションで支払うかを事前に決める必要がある。

● ガソリンを入れてみよう（セルフ方式）

1 車を停める

車種によって違うので、車の給油口の左右を確認し給油スタンドの横に車を停める。支払いなどで車から離れるときは、必ずドアをロックしよう。

2 支払い方法を選ぶ

現金の場合は通常先払いで、併設の売店で給油機の番号や希望の料金などを告げてレジで支払う。クレジットカードで払う場合は、給油機の差し込み口にカードを入れ指示に従う。

3 給油する

ガソリンの種類(レンタカーの場合は無鉛Unleaded(87))を選び、自分で車の給油口にノズルを差し込んで給油。アメリカでの使用単位はガロン(Gallon)で、1ガロンは約3.8ℓになる。
グリップが握れなくなったら満タン

4 給油完了

現金の場合、その金額になると給油が止まる。おつりは売店で受け取る。クレジットカードの場合は、レシートのボタンを押すと給油機からレシートが出てくる。

運転時の注意点

○シートベルトは必ず着用
シートベルト未装着は交通違反になるので注意したい。自分の身を守るためにも重要だ。

○制限速度を守る
「制限速度35マイル(SPEED LIMIT35)」など速度表示に従って走ろう。すべてマイルで表示(1マイル＝約1.6km)されている。

○赤信号でも右折可
前方の信号が赤でも「右折禁止(NO TURN ON RED)」の表示がなければ右折できる。必ず一時停止をし、歩行者がいないか、対向車線の左折車などの妨げにならないかを確認してから進行しよう。

○スクールバスは追い越し厳禁
スクールバスが「STOP」のサインを出しライトを点滅させて停車(児童、生徒の乗降中)していたら、追い越し禁止。中央分離帯がない道路では対向車線の車も停止する。

○駐車はセルフかバレーで
ホテルでパーキングを利用する場合、「セルフ(SELF PARKING)」または、「バレー(VALET PARKING)」のいずれかの表示に従って車を進める。

○事故にあったら
小さな事故でも必ず警察(☎911)に連絡し、必要なら同じ番号で救急車も呼ぼう。レンタカー会社にも必ず連絡を。

●主なレンタカー会社
ダラーレンタカー
日本☎0120-117-801(通話料無料)
空港☎(866)434-2226
ハーツレンタカー
日本☎0120-489-882(通話料無料)
空港☎(702)262-7700
エイビスレンタカー
日本☎0120-311-911(通話料無料)
空港☎(702)531-1500
バジェットレンタカー
日本☎0120-150-801／空港☎(702)736-1212

プチ情報　ハリー・リード国際空港のレンタカー・センターには上記レンタカー会社以外にアラモ、エンタープライズ、ナショナル、ペイレス、スリフティなどのレンタカー会社が入っている。

Topic 2

グランドサークル&セドナ

Grand Circle & Sedona

ストリップの街並みからひと足延ばして

グランド・キャニオンやセドナなど

壮大な大自然を訪ねてみよう

グランドサークル早わかり

グランドサークルとはユタ州、アリゾナ州を中心に大型の国立公園が集中しているエリアを指す。
パウエル湖を基点にその半径約230km圏内に国立公園や州立公園が40以上点在している。

❶ グランド・キャニオン国立公園
Grand Canyon National Park　→P80

世界最大規模の大渓谷

年間約550万人の旅行者を迎える人気の国立公園。17億年をかけて堆積した巨大な地層が広がる。東西約446km、深さ約1600mの渓谷はコロラド川を挟んでノース・リムとサウス・リムに分かれる。ラスベガスからは空路、バス、ツアーともに充実。

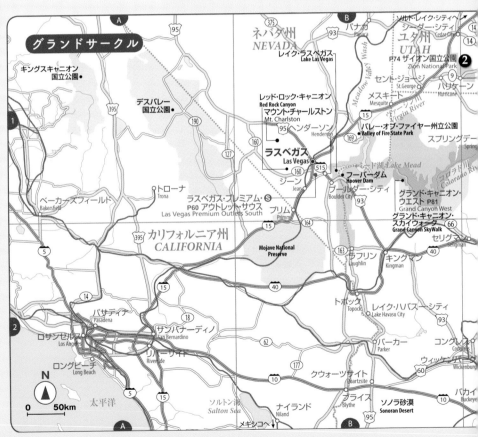

グランドサークル

❷ ザイオン国立公園
Zion National Park （→P74）

いくつもの大岩壁がそびえ立つ
ザイオンとは旧約聖書に出てくる「神の国」を意味し、純粋な心が宿る場所とされる。高さ300〜700mの垂直に切り立った岩に囲まれた谷底を歩いて楽しむトレッキングが人気。ラスベガスから日帰りで行ける。

❸ ブライス・キャニオン国立公園
Bryce Canyon National Park （→P75）

長い年月が生み出す自然のアート
無数の尖塔状の岩が谷底に並ぶ国立公園。地層の凍結と氷解の繰り返しにより生まれたフードゥー(Hoo doo)とよばれる細長い岩の柱が谷を埋め尽くす。

❹ モニュメント・バレー
Monument Valley Navajo Tribal Park （→P76）

映画の舞台に選ばれることも
アメリカ最大の部族であるナバホ族の居留地にある公園。約6221㎞の敷地にビュート(Butte)といわれる残丘、メサ(Mesa)といわれるテーブル形の台地が点在。

❺ アンテロープ・キャニオン
Antelope Canyon Navajo Tribal Park （→P88）

差し込む光で表情が変わる
ナバホ族の居留地にある砂岩が浸食されてできた洞窟のような空間。ガイドツアーでのみ見学可能なアッパー・アンテロープとアッパーから数km離れたローワー・アンテロープに分かれる。

周遊アドバイス

移動はどうする?
グランドサークル内の観光スポットは、いずれも公共の交通機関に乏しく、ラスベガスからの現地発着ツアーを利用するか、レンタカーを借りて自力でまわる以外方法はない。ラスベガスからグランドサークルを訪れる現地発着ツアーは、日帰り旅行から宿泊を伴うものまで種類も豊富だ(→P64)。時間に余裕のある人は、レンタカーでドライブしながらまわるのがおすすめ。交通量が少ない1本道がほとんどなので、海外での運転に慣れていない人でも自分のペースで走れる。

夏は時差に注意!
ユタ州、アリゾナ州はアメリカのマウンテン・タイム・ゾーンになり日本との時差は−16時間。ただし、ユタ州は3月第2日曜から11月第1日曜まで夏時間(DST)を採用するため、日本との時差は−15時間になる。アリゾナ州は夏時間を採用しないが、ナバホ・ネイション(ナバホ族の居留地)では夏時間を採用。ナバホ・ネイションにあるモニュメント・バレーは、同じアリゾナ州でも時差が存在する。夏時間中は、グランド・キャニオンはラスベガスと同時刻、ザイオン、ブライス、モニュメント・バレーはラスベガスより1時間進むことになる。

アメリカの原風景をドライブで巡る

グランドサークル＆セドナ 美景ドライブ

グランドサークルにある人気の国立公園を4泊5日で巡るドライブプラン。
広大な砂漠や荒涼とした岩など、日本では体験できないスケールの大きな大自然に出合える。

· Driving Route

Day 1

ラスベガス

🚐 262.8km（163.3マイル）／3時間
朝7時にはラスベガスを出発。ラスベガスからザイオン国立公園は国道15号線を直進し、途中で9号線を東へ入る。

1 ザイオン国立公園

🚐 143.4km（89.1マイル）／2時間
ザイオンからブライス・キャニオン国立公園へは9号線を東へ進み89号線に出たところを北へ。89号線と12号線が交わるところで右折。

2 ブライス・キャニオン国立公園

夕日を浴びて赤く輝く姿を見るためにも、夕方前には到着するようにしよう。

ルート解説

ドライブのスタート地点はラスベガス。平日はラスベガス市内の通勤ラッシュを避けるため早朝に出発しよう。ラスベガスからザイオン国立公園までは約3時間のドライブ。避寒地として知られるセント・ジョージで休憩を兼ねて給油したら、ザイオン国立公園まで一気に車を走らせる。ザイオン国立公園内に入ると、周りの景観に配慮し道路の舗装が灰色から赤色に変わる。ここでは旅行者の多い春から秋にかけて、シャトルバスでの移動が義務づけられている。両脇にそそり立つ巨大な岩を見上げながらのドライブを楽しもう。ザイオン国立公園からブライス・キャニオン国立公園へ向かう道は全米屈指のシーニック（景色のよい）・バイウェイ。色鮮やかな岩山や1930年に開通した全長1800mのトンネルなど、起伏に富んだドライブが楽しめる。

1 MAP P72B~C1 ザイオン国立公園
Zion National Park

歩いて楽しむ渓谷美

国立公園の看板

切り立った巨岩とその間を流れるバージン川がつくる多様な生態系から動植物の宝庫といわれる国立公園。ここでは車を降りて、ハイキング・トレイルをゆっくり歩きながらその生態系を楽しもう。パノラマ風景を楽しめる穴場的スポットがヒューマン・ヒストリー・ミュージアムの裏側。午前中がおすすめ。

DATA 🕐24時間　⊘なし　料車1台$35、徒歩・自転車・スノーモービル1人$20（15歳以下無料）、バイク1台$30（いずれも7日間有効）　※園内は3～11月は一般車の通行は禁止。無料のシャトルバスを利用

＼ベストタイム！／
午前

1,600～900m級の岩々がそびえ立つ

2 イオン国立公園の奥地にある「テンプル・オブ・シナワバ」。リバーサイドウォークとよばれるトレイルの出発点

行く前にCheck ドライブアドバイス

●車種の決め方
街なかだけならコンパクトカーで十分だが、1日数百kmもの距離を走るグランドサークル＆セドナドライブでは、ミッドサイズ以上をレンタルしよう。モニュメント・バレー内の未舗装路を走る場合は4WD車が望ましい。

●こまめに給油
グランドサークル内にはガソリンスタンドが少ない。場所によっては何も建物がない1本道が数十km続くところも。国立公園内も給油場所が少ないので、ガソリンスタンドを見つけたらこまめに給油しよう。

2 | ブライス・キャニオン国立公園
MAP P73C1
Bryce Canyon National Park

＼ベストタイム！／
朝、夕方

空に向かって突き立つ多数の岩
南北約40kmの細長い公園内にはフードゥーとよばれる尖塔状の岩が立ち並ぶ。フードゥーが美しく見えるのは太陽の赤い光に照らされる時間。朝日・夕日ともにサンセット・ポイントでの見学がおすすめ。西側のリムが高い位置にあるので、日の入りの1時間30分前にはスタンバイしよう。

DATA ⏰24時間 🚫なし 💰車1台$35、徒歩・自転車1人$20（15歳以下無料）、バイク1台$30（いずれも7日間有効）　※園内は4月中旬から10月末まで無料のシャトルバスが運行

1.朝夕の景観が特にすばらしい 2.ブライス・キャニオンのナバホ・ループ・トレイル。フードゥーを見上げながら上へ登ると違った風景が見えてくる

STAY

ベストウエスタン・ブライス・キャニオン・グランド
Best Western Bryce Canyon Grand Hotel
MAP P73C1
無料WiFiサービスを備えたゆったりした客室とフィットネスからプールまで備えた充実の施設を誇る。

DATA ✈ブライス・キャニオン国立公園から車で5分 🏨30 North 100 East Bryce Canyon City ☎(435)834-5700 💰$170〜〈客室数〉164室 🔗www.brycecanyongrand.com/

かつてはアメリカの東西を結んでいたルート66

UTAH

12
89 ②ブライス・キャニオン国立公園
Bryce Canyon National Park

⇒P76へ続く

ザイオン国立公園
Zion National Park

①マウント・カーメル・ジャンクション
Mt. Carmel Junction

セント・ジョージ
St. George

ペイジ
Page

NEVADA

15

ARIZONA

ラスベガス
Las Vegas

グランド・キャニオン国立公園
Grand Canyon National Park

89号線沿いの景色。牧草地ではのんびり草を食む馬の姿が見られることも

Driving Route

Day 2

2 ブライス・キャニオン国立公園

🚐 248km（154マイル）／約3時間
ブライス・キャニオン国立公園からパウエル湖までは12号線を西へ戻り、89号線に沿って南下。

パウエル湖（ペイジ）

🚐 199.7km（124.1マイル）／約2時間30分
グレン・キャニオン・ダムによって造られた人造湖。このエリアの起点となる町ペイジで給油。ペイジからモニュメント・バレーへは98号線を東へ走る。途中から160号線へ入り、カイエンタの街で163号線へ。

3 モニュメント・バレー

🚐 202.3km（125.7マイル）／約2時間30分
モニュメント・バレーからホースシュー・ベンドへはペイジから来た道を戻る。

4 ホースシュー・ベンド

ペイジの街から89号線を7分ほど走ったところにある。アンテロープ・キャニオンとセットで訪れよう。

ルート解説

グランドサークルの朝は早い。日の出前にはホテルを出発し再度ブライス・キャニオン国立公園へ。朝の日差しの中、ナバホ・ループ・トレイル（→P75）を歩くと、ブライス・キャニオンのスケールの大きさを実感できる。大自然を体感したら、モニュメント・バレーへ。途中、レッド・キャニオンではユニークな形の赤い岩を車窓から楽しめる。ブライス・キャニオン国立公園からモニュメント・バレーへ向かう途中にはパウエル湖やナバホ・マウンテンなど、迫力ある風景が広がる。カイエンタから163号線に入ったあたりから何もない大地に突如、巨大な「ビュート（残丘）」が現れる。多くの映画にも登場した光景に圧倒されながら、地平線にまっすぐ延びる一本道をモニュメント・バレーへ向け走り抜けよう。

3 MAP P73C1 モニュメント・バレー
Monument Valley Navajo Tribal Park

映画人に愛されたアメリカの原風景

数あるビュート（残丘）のなかでも、最も絵になるといわれているのが「ジョン・フォード・ポイント」から見た風景。名監督ジョン・フォードが好んでカメラを設置したベスト・ポジションからの眺めは必見。

- -

DATA 🕐8〜20時（乗り物の最終入園17時30分、ミュージアム・ビジターセンター・ツアー案内所は〜18時）※季節により変動あり 🚫1/1、11/24、12/25 💲$8 ※公共の交通機関はないので、車でまわるかナバホ族が主催するジープツアーを利用
グールディングス・ロッジ＆ツアーズ
Goulding's Lodge & Tours
🏢グールディングス・ロッジ内 ☎(866)313-9769
🕐13時30分〜 ⏱2時間30分で$77〜（4〜10月のみ）🔗www.gouldings.com/

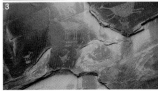

1. グランド・キャニオンにも匹敵するスケール　2. モニュメント・バレーのポッタリー・アーチ。岩の裂け目が壺の形　3. モニュメント・バレーにはアナサジとよばれる古代ネイティブが900年前に描いた壁画が残る　4. ビジター・センターの駐車場脇から見た日の出前のモニュメント・バレー

12
89 **2 ブライス・キャニオン国立公園**
Bryce Canyon National Park

フォレスト・ガンプ・ポイント
Forrest Gump Point

UTAH

マウント・カーメル・ジャンクション
Mt. Carmel Junction

89 ペイジ
Page **3 モニュメント・バレー**
Monument Valley
Navajo Tribal Park

カナブ
Kanab パウエル湖
Lake Powell 163

ホースシュー・ベンド 4
Horseshoe Bend 98 **カイエンタ**
Kayenta

ARIZONA

アンテロープ・キャニオン
Antelope Canyon

⇒P78へ続く

パウエル湖はコロラド川を堰き止めて造られたアメリカで2番目に大きな人造湖

行く前にCheck　トレッキングの準備

夏場は1日の寒暖差が激しいので、上に羽織るものが必要。靴はトレイルを歩く程度なら履きなれたスニーカーで十分だが、高低差のある渓谷などを歩く予定の人は滑りにくいトレッキングシューズを用意しておこう。モニュメント・バレーは砂ぼこりがひどいので、サングラスと口元を覆うスカーフやマスクがあると便利。

\ベストタイム！/

日の出前、夕暮れ時

フォレスト・ガンプ・ポイント。映画『フォレスト・ガンプ』で主人公が走るのを止めた場所。午後は逆光になるため午前中に訪れたい。モニュメント・バレーの北側に位置し、カイエンタ方面から来る場合はモニュメント・バレーの入口を通過し20分ほど車で走る。

STAY

グールディングス・ロッジ
Goulding's Lodge
MAP P73C1
モニュメント・バレーの絶景が楽しめるロッジ。ダイニング・ルームで、名物のナバホ・タコス$14+TAXを味わえる。

DATA ⊗モニュメント・バレーのゲートから車で数分 🏠1000 Gouldings Trading Post Rd, Oljato-Monument Valley ☎(435)727-3231 🛏$160〜291 〈客室数〉149室 [URL]www.gouldings.com/

Day 3

④ MAP P73C1 **ホースシュー・ベンド**
Horseshoe Bend

蛇行するコロラド川を眼下に望む

コロラド川に削られ馬蹄型に湾曲した断崖。アンテロープ・キャニオンから車で20分ほどのところにあり、駐車場からさらに15分ほど歩くと、垂直に切り立った断崖が現れる。安全柵など何もないので、足元には十分注意を。ラスベガスからの日帰りツアーはP64参照。

トウモロコシで作ったナバホ・フライ・ブレッドの上にチリソースがのったナバホ・タコス

\ベストタイム！/

日中

Driving Route

● ペイジ

🚐 14.2km（18.8マイル）／約20分
ペイジの街からナバホ族によるツアーが数社で催行されている。

⑤ アンテロープ・キャニオン

🚐 14.2km（18.8マイル）／約20分

● ペイジ

🚐 219.2km（136.2マイル）／約3時間
ペイジからグランド・キャニオン国立公園へは89号線を南下。キャメロンを越えたあたりで64号線へ。夕日を受けて輝くグランド・キャニオンを見るためにも、夕方までには到着するように移動しよう。

⑥ グランド・キャニオン国立公園

🚐 95.1km（59.1マイル）／約1時間
マーサー・ポイントで朝日をうけて輝くキャニオンを見た後は、サウス・カイバブ・トレイルを歩いてみよう。グランド・キャニオンからウイリアムスまでは64号線を南下。

● ウイリアムス

🚐 93.8km（58.3マイル）／約1時間
ウイリアムスからセドナまでは国道40号線をフラッグスタッフへ走り、フラッグスタッフから89Aを走る。

⑦ セドナ

🚐 445.9km（277.1マイル）／約5時間
セドナからラスベガスまでは長距離ドライブ。フラッグスタッフまで来た道を戻り、キングマンまで国道40号線を走る。キングマンからラスベガスまでは93号線を利用。余裕があればセドナで1泊したい。

● ラスベガス

アンテロープ・キャニオンの砂が、カメラなどの精密機器に入ると故障してしまうことも

光の加減によって違った表情を見ることができる

Day 4

⑤ MAP P73C1 **アンテロープ・キャニオン**
Antelope Canyon Navajo Tribal Park

光が生み出す自然のアート

スロットキャニオンとよばれるらせん状に浸食された空間。太陽がキャニオンの真上に近づく時間帯に岩の裂け目から光が差し込み、幻想的な光景を目にすることができる。

DATA →P88

＼ベストタイム！／
日中

⑥ MAP P73C1 **グランド・キャニオン国立公園**
Grand Canyon National Park

ダイナミックな渓谷美に圧倒される

深さ1600mを超えるキャニオンの凹凸が際立つのは日が斜めから差し込む朝日や夕日の時間帯。時間帯によって絶景ポイントも異なり、朝日はマーサー・ポイント、夕日はヤバパイ・ポイントまたはホピ・ポイントで見学するのがおすすめ。

ホピ・ポイントはサウス・リムでも指折りの絶景ポイント

DATA →P80

＼ベストタイム！／
朝、夕方

ペイジ **UTAH**
Page
ホースシュー・ベンド ④ ⑤
Horseshoe Bend アンテロープ・キャニオン
Antelope Canyon
ARIZONA Navajo Tribal Park
89
グランド・キャニオン国立公園 ⑥
Grand Canyon National Park
64

64
40
ウイリアムス○
Williams 89A
⑦ セドナ
Sedna

ルート解説

夜明け前、モニュメント・バレーのビジター・センターの展望台にスタンバイし、日が昇るのをじっと待つ。静寂のなか、かすかな太陽の光を受けて浮かび上がるビュートはグランドサークルで最も幻想的な景色。モニュメント・バレーからホースシュー・ベンド（→P77）、アンテロープ・キャニオン（→P88）へは来た道を戻る。道路沿いに見える樹木の数が増えてきたらグランド・キャニオンに近づいた証拠。グランド・キャニオンで1泊し、展望台を巡るリム・トレイルを歩いてみよう（→P84）。4日目の昼前にはグランド・キャニオンを出発し、ルート66の面影を残すウイリアムスへ。ウイリアムスからフラッグスタッフを経由し、切り返しの多い山道を抜けると、セドナの巨大岩が見えてくる。セドナでは大地にみなぎるパワーを吸収し、ドライブ疲れをリセット！

7 MAP P73C2

セドナ
Sedona

Day 5

地球のエネルギーが渦巻く地

ベストタイム！

日中

青い空と鉄分を多く含んだ赤い大地のコントラストが美しい。4大ボルテックスの一つであるカセドラル・ロック（→P93）はレッド・ロック・クロッシングへ向かう途中の道から一望できる。

DATA →P90

セドナでは大地の恵みを受けて育った自然派素材を使った料理を味わって

サイン・カタログ

グランドサークルでは景観のよい道に設置される「シーニック・バイウェイ（Scenic Byway）」の標識を頻繁に見かける。また、国立公園の近くでは動物の横断注意を促すサインを見逃さないようにしよう。

シカゴとサンタモニカを結んでいた国道66号線（通称ルート66）。アメリカ大陸を横断する国道として経済の発展に貢献したが1985年廃線に。

グランドサークル内ではウイリアムス、セリグマン、キングマン、フラッグスタッフにルート66の面影が残る

おなじみルート66のサイン

プレイリー・ドッグ横断注意のサイン

エルク横断注意のサイン

アリゾナ州の「シーニック・バイウェイ」のサイン

ユタ州の「シーニック・バイウェイ」のサイン

ユタ州の「シーニック・バイウェイ」のサイン別バージョン

ライセンスプレート・カタログ

アメリカの自動車に付けられたナンバープレートは、各州に独自のデザインがあり、いずれもカラフルでユニークなものばかり。各州の特徴を表したキャッチフレーズにも注目しよう。

サウス・ダコタ州のプレート。4人の大統領の顔が彫られたマウント・ラッシュモアがモチーフ

グランドサークルのあるユタ州のプレート。イラストはアーチーズ国立公園

州花サボテンと夕日でおなじみアリゾナ州。キャッチフレーズは「グランド・キャニオン・ステート」

アリゾナ州のお隣に位置するニューメキシコ州のプレート。キャッチフレーズは「魅惑の地」

ネバダ州のプレート。銀の採掘が全米で最も多いことからキャッチフレーズは「銀の州」

17億年の地球の記憶が目の前に広がる

悠久の時が刻んだ大峡谷 グランド・キャニオン

世界屈指の大渓谷であるグランド・キャニオン。1979年にユネスコ世界遺産にも登録され、多くの観光客が訪れる人気の観光地だ。

MAP P73C1 グランド・キャニオン 国立公園
Grand Canyon National Park

地球の歴史を物語るアメリカ最大級の国立公園

深さ約1.6km、幅約29km、東西の距離約446kmの世界最大級の谷。ラスベガスから東へ約480km、アリゾナ州北部にあり、コロラド高原がコロラド川の浸食作用で、数百万年の時をかけて削り出され、できた地形だ。アメリカ合衆国の初期の国立公園の一つであり、1979年に登録された世界遺産でもあるグランド・キャニオン。色鮮やかな12層もの地層、岩の尖塔やビュートが織りなすさまざまな影、大自然がつくりあげてきた奇跡の芸術に、誰もが自然への尊敬と畏怖の念を覚えることだろう。

DATA ☎ (928)638-7888 時24時間 休なし 料車1台$35、徒歩・自転車1人$20、バイク1台$30（7日間有効で、サウス・リムとノース・リム両方入園可）URL www.nps.gov/grca

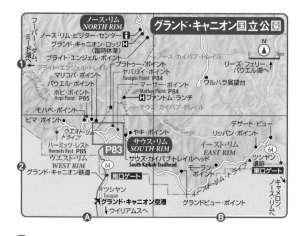

アクセス

〈車〉
サウス・リムへはラスベガスから東へ約480km、車で約5時間。ウイリアムスからI-40号線とハイウェイ64号線を経由するか、フラッグスタッフからハイウェイ180号線と64号線を経由する。フラッグスタッフから1日3本、シャトルバス$52が出ている。
グルーム・トランスポーテーション
Groome Transportation
☎ (800)888-2749
URL groometransportation.com

〈飛行機〉
ラスベガスからサウス・リムまで、小型飛行機による遊覧飛行と国立公園の地上観光がセットになった日帰りツアー（→P65）が出ている。ミード湖などを上空から眺め、グランド・キャニオンでは展望地点2カ所に立ち寄る。
シーニック・エアラインズ
Scenic Airlines
☎ (888)635-7272（通話料無料）
☎ (702)736-7243
URL www.scenic.co.jp

〈鉄道〉
グランド・キャニオン鉄道が、ウイリアムスからグランド・キャニオン・ビレッジまで観光列車を毎日運行している。1901年の開通当時は蒸気機関車で行き来したという歴史ある鉄道だ。行きは朝9時15分にウイリアムスを出発、2時間15分でグランド・キャニオンに到着する。帰りはグランド・キャニオンを15時15分（各便15分前に要到着）に出発。座席には6つのグレードがある。
グランド・キャニオン鉄道
The Grand Canyon Railway
☎ (800)843-8724 URL www.thetrain.com

グランド・キャニオン国立公園

ノース・リム NORTH RIM
ノース・リム・ビジター・センター
グランド・キャニオン・ロッジ（臨時休業）
ブライト・エンジェル・ポイント
ノース・カイバブ・トレイル
リーズ・フェリー・パウエル湖へ
プラトゥー・ポイント
ブライト・エンジェル・トレイル
マリコパ・ポイント
ヤバパイ・ポイント
Yavapai Point P84
パウエル・ポイント
マーザー・ポイント
Mather Point P84
ホピ・ポイント
Hopi Point P85
ファントム・ランチ
サウス・カイバブ・トレイル
モハベ・ポイント
ワルハラ展望台
5km
N
ピマ・ポイント
デザート・ビュー
ウエスト・リム・ドライブ
ヤキ・ポイント
リッパン・ポイント
ハーミッツ・レスト
Hermits Rest P85
P83
サウス・リム SOUTH RIM
イースト・リム EAST RIM
ウエスト・リム WEST RIM
ツシヤン遺跡
64
グランド・キャニオン鉄道
サウス・カイバブ・トレイルヘッド
South Kaibab Trailhead
南口ゲート
64
モーラン・ポイント
イースト・リム・ドライブ
東口ゲート
キャメロン・ノース・リムへ
ツシヤン Tusayan
グランド・キャニオン空港
グランドビュー・ポイント
ウイリアムスへ
A
B

グランド・キャニオン早わかり

グランド・キャニオンは以下の3エリアに大別される。各エリアは離れており、移動に時間がかかるので、自分の行きたいエリアをよく検討したうえで、旅のプランニングをしよう。

サウス・リム（南壁）
South Rim
MAP P73C1

観光客の9割は年間通して開園しているサウス・リムに訪れる。ビジター・センターはじめ、ロッジ、レストランなどが集まる。5月下旬～9月初旬ごろにかけてはシャトルが毎日運行しており移動も便利。東西はウエスト・リムとイースト・リムに分かれる。

サウス・リム観光の起点となるビジター・センター

ノース・リム（北壁）
North Rim
MAP P73C1

サウス・リムから354km、車で約4時間30分。5月中旬から10月中旬まで気候が許す限りオープンしており、サウス・リムからシャトルバスが運行している。サウス・リムほど施設は整っていないが、静かに渓谷を観賞できる。

トランスキャニオン・シャトル
Transcanyon Shuttle
☎(928)638-2820　URL www.trans-canyonshuttle.com

キャニオンの広さ、深さ、奥行きが一望できるケープ・ロイヤル

ガラスでできた展望橋「スカイウォーク」

グランド・キャニオン・ウエスト
Grand Canyon West
MAP P72B1

グランド・キャニオン国立公園ではなく、ラスベガス寄りのワラパイ・インディアン保護地域にある。谷底を見下ろすU字形の透明な展望橋「スカイウォーク」までは、ラスベガスから各種ツアーが出ている。

☎(888)868-9378　URL www.grandcanyonwest.com

グランド・キャニオン観光の中心
サウス・リム
South Rim

行く前に Check

●情報収集はここで

グランド・キャニオン・ビジター・センター
Grand Canyon Visitor Center
MAP●P83B1
広い公園でまず訪れたいのがここ。行きた
い場所や施設について、案内係に相談もで
きる。また、建物の前に展示されたトレッキ
ングルートの図解入りガイドも参考になる。
時8～12時 休火・水曜

●サウス・リム内の交通

サウス・リム内の移動はシャトルバスが便利。
無料シャトルが4つのルートで運行している。
車体はどのルートも白と緑のツートンカラー。
なかでも利用頻度が高いのが以下の3つ。

ビレッジ・ルート Village Route
ビジター・センター、ホテル、レストランなど
ビレッジ区域にある施設間を毎日巡回。4時
～6時30分と8時30分～
22時30分は30分間隔、
6時30分～8時30分は
15分間隔（季節により異
なる）。途中下車しなけ 停留所は青いバスの
れば50分間で一周する。 マーク

ハーミッツ・レスト・ルート
Hermits Rest Route
ビレッジルート・トランスファーからサウス・
リム最西端のハーミッツ・レストまで片道
11kmを3月1日～11月30日運行。4時～6時
30分は30分間隔、6時30分からは15分間隔
（最終バスは日没30分後、
季節により異なる）。途
中下車しなければ80分
間で一周する。 停留所は赤いバスの
カイバブ/リム・ルート マーク

Kaibab/Rim Route
ビジター・センター、サウス・カイバブ・トレ
イルヘッド、ヤキ・ポイント、パイプ・クリ
ーク・ビスタ、マーサー・ポイント、ヤババ
イ地質学博物館を巡回。4時～6時30分は30
分間隔、6時30分から
は15分間隔（最終バスは
日没30分後、季節によ
り異なる）。途中下車し 停留所はオレンジの
なければ50分間で一周 バスのマーク
する。

一年を通じて開園しているサウス・リムは展望ポイント
が多く、観光施設も充実している。園内には無料シャト
ルも巡回し、起点となるビレッジにはビジター・センタ
ーからスーパー、6カ所のロッジ、郵便局や図書館（要予
約）、銀行までが揃っている。サウス・リムは一般車両に
も開放されているイースト・リムと、専用のシャトルバ
スのみが入れるウエスト・リムに分かれ、さらにサウス・
リムから東に40km進むとデザート・ビューがある。

観光アドバイス

【服装】サウス・リムの標高は約2200m。朝晩の気温差が激
しいため、ジャケットを持ち歩くなど、服装には十分注意し
たい。リム沿いは舗装された道も多くあるが、歩きやすく滑
りにくい靴を履いたほうが安全。
【持ち物】強い日差しを防ぐため、サングラスや帽子を持参し
よう。水ボトルを持ち歩き、水分を常に補給するよう心がけ
て。貴重な環境を守るため、ごみは必ず持ち帰り、野生動物
にはエサを与えない。
【楽しみ方】❶夕日を見る❷朝日を見る❸星空を見る❹遊覧飛
行をする❺ハイキングをする、というのがグランド・キャニ
オンの楽しみ方5原則。雄大な自然をさまざまな角度から存
分に味わうために、1泊するのもおすすめ。

入園時に手渡される「ザ・ガイド」や、施設の営業時間やイベント情報が掲載された「グランド・キャニオン・ガイド＆マップス」も、観光の参考にしよう

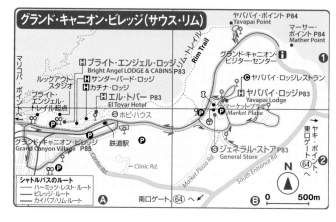

グランド・キャニオン・ビレッジ（サウス・リム）

マーサー・ポイント P84
Mather Point

ヤバパイ・ポイント P84
Yavapai Point

グランド・キャニオン・ビジター・センター

リム・トレイル
Rim Trail

ブライト・エンジェル・ロッジ P83
Bright Angel LODGE & CABINS

ルックアウト・スタジオ

サンダーバード・ロッジ

カチナ・ロッジ

ブライト・エンジェル・トレイル起点

エル・トバー・ホテル P83
El Tovar Hotel

ヤバパイ・ロッジレストラン

ヤバパイ・ロッジ P83
Yavapai Lodge

マーケット・プラザ
Market Plaza

ホビ・ハウス

グランド・キャニオン・ビレッジ P85
Grand Canyon Village

鉄道駅

ジェネラル・ストア P83
General Store

ヤキ・ポイント、東口ゲートへ 64

マリコパ・ポイントへ

セン

Clinic Rd.

Market Plaza Rd.

South Entrance Rd.

シャトルバスのルート
── ハーミッツ・レスト・ルート
── ビレッジ・ルート
── カイバブ／リム・ルート

A 南口ゲート 64 へ B

0　500m

N

1

2

1.コロラド川がこの谷を600万年も削ってきた　2.燃えるような空と大地の大スペクタクル

2

Check　サウス・リムの起点　ビレッジ

西はブライト・エンジェル・トレイルヘッド、東はマーサー・ポイントまでの東西4kmほどのエリアを「ビレッジ」とよぶ。鉄道駅と主な宿泊施設はビレッジの西に、スーパーや銀行、郵便局はビレッジ中心にあるマーケット・プラザ周辺に、ビジター・センターはビレッジの東にある。

ヤバパイ・ロッジ
Yavapai Lodge

レストランも併設する

公園内で最大の部屋数を誇る。2階建てのイースト館と平屋のウエスト館からなる。リムからは少し離れているが、松やジュニパーツリーの茂る静かな林の中にあり、カフェやショップ、マーケット・プラザにも近く便利。

DATA　料$197～377　〈客室数〉150～200室程度
MAP●P83B1

ブライト・エンジェル・ロッジ
Bright Angel LODGE&CABINS

リム沿いに立つ好ロケーション

1935年築、国定歴史建造物に登録されているロッジ。ロッジルームとキャビンルームの2種類があり、2カ所のレストランとみやげ物店が併設されている。

DATA　料$150～700　〈客室数〉90室
MAP●P83A2

エル・トバー
El Tovar Hotel

創業100年を超える老舗ホテル

1905年創業の全米で最も歴史のあるリゾートホテル。リム沿いに立つスイスシャレー風の優雅な造りは国定歴史建造物。ルーズベルト大統領やアインシュタインら、多くの著名人も宿泊した。バルコニー付きのスイート12室もある。

DATA　料$300～1000　〈客室数〉78室
MAP●P83A2

ジェネラル・ストア
General Store

食料品から日用品まで揃う

マーケット・プラザの中心にある充実のスーパー。生鮮食料品から酒類、デリコーナーまであり、日用品からキャンプ用品、みやげ物も豊富。郵便局と銀行が隣接。

DATA　時7～20時（季節により変動あり）　休なし
MAP●P83B2

注意事項　グランド・キャニオン国立公園内の宿泊施設は1年前から予約開始。人気が高いので予定が決まったらすぐに予約しよう。ヤバパイ・ロッジの予約はURL www.visitgrandcanyon.com

・リム・トレイル・ハイキング

リム・トレイルは
ここから出発

サウス・リムには舗装された遊歩道リム・トレイルが続いている。これに沿って歩けば主な展望台や観光スポットにもたどり着ける。シャトルも利用して効率よくまわりたい。

🚌 ビレッジからシャトルで20分

1 マーサー・ポイント

↓🚶 徒歩20分

2 ヤババイ・ポイント

↓🚶 徒歩1時間20分

3 グランド・キャニオン・
ビレッジ

↓🚌 シャトルで80分、
徒歩だと3時間30分

4 ハーミッツ・レスト

↓🚶 徒歩35分
（シャトルで5分）

ピマ・ポイント

↓🚶 徒歩1時間30分
（シャトルで15分）

モハベ・ポイント

↓🚶 徒歩35分

5 ホピ・ポイント

🚌 ビレッジまでシャトルで15分

展望台の白い岩肌も朝焼けのオレンジ色に染まる

Check グランド・キャニオンで
見かける植物

1600mの標高差があるキャニオンは植物の宝庫。水辺や砂漠、松林など地域ごとにさまざまな植物が自生する。その数は野草650種類、樹木200種類、シダ類は1700種類に及ぶ。

 インディアン・ペイントブラシ
Indian Paint Brush
ネイティブ・アメリカンが使う絵筆にその形が似ていることから名前がついた。夏に咲く。

 クリフ・ローズ
Cliff Rose
砂漠や岩壁に育つ常緑低木。春から夏に黄色や白の芳しい花が咲く。ホピ族は葉を茶として飲用。

 ヤマクサ・キョウチクトウ
Moss Phlox
アメリカ原産の常緑多年草で、地被植物として植栽される。砂漠にも多く見られる花。

 グローブ・マロー
Globe Mallow
年間を通じてカップ型の愛らしい花が咲く。ソア・アイ・ポピー（目が痛くなるポピー）の名も。

 ファイブ・ニードル・フェティド・マリーゴールド
Five-Needle Fetid Marigold
春から秋にかけて鮮やかな黄色い花を咲かせる。かわいい姿だが匂いはあまり好まれない。

1 MAP P83B1 **マーサー・ポイント**
Mather Point

日の出や日の入りの景色は圧巻

ビジター・センターから歩いて数分のこの展望台は、ツアーでも立ち寄る屈指の絶景ポイントで、日の出を楽しむ場所としても有名だ。周囲が徐々に明るくなり、太陽が顔を出すと、シルエットだったグランド・キャニオンが姿を現す。その後も光に照らされて次々と色を変える様子が眺められる。

2 MAP P83B1 **ヤババイ・ポイント**
Yavapai Point

ツアーでも必ず訪れる人気スポット

こちらも人気の展望ポイント。ヤババイ地質学博物館では、大きなガラス窓越しにすばらしい景色を楽しめる。館内にはグランド・キャニオンの地質や生物に関するパネルや模型が展示され、ブックストアも併設。

グランド・キャニオンの
全容がわかる立体模型も

③ MAP P83A2 グランド・キャニオン・ビレッジ
Grand Canyon Village

観光＆ランチを楽しむ

観光の中心地、ビレッジ到着。キャニオンの歴史を知るバーキャンプやネイティブ・アメリカンの工芸品を集めたホピ・ハウス、ブライト・エンジェル・ロッジのギフトショップなどをまわった後はレストランでゆっくりランチ。

1.ブライト・エンジェル・ファウンテンでヘルシーランチ　2.1905年築のホピ・ハウスは工芸品のギャラリー

---

④ MAP P80A2 ハーミッツ・レスト
Hermits Rest

馬車ツアーの時代から西終点の休憩所だった

築100年超えの建物でひと休み

ビレッジから12kmのウエスト・リム最西端ポイント。1914年築の石造りの建物には暖炉と小さな売店がある。3〜11月はシャトルバスで行けるが、それ以外の期間は徒歩でのアクセスとなる。徒歩の場合、途中、未舗装の道もあるので、それなりに準備を。

グランド・キャニオンはどうやってできたの？

時を遡ること20億年。かつてこの一帯、コロラド高原は海底にあった。17億年前に激しい地殻変動による隆起で山ができ、その後の浸食で12億年前には平原に。それから後も隆起と侵食を幾度となく繰り返す。そして、現在の形になったのは、7000万年前に隆起した大地をコロラド川が500〜600万年前に浸食し始めてから。このまま浸食と風化が続くと谷はますます深く複雑になり、いずれはモニュメント・バレーのような地形になるといわれている。

カイバブ石灰岩層
（2億7000万年前）
トロウィーブ層
（2億7300万年前）
ココニノ砂岩
（2億7500万年前）
ハーミット泥板岩
（2億8000万年前）
スーパイ・グループ
（2億8500万年前〜3億1500万年前）
テンプル・ビュート石灰岩
（3億8500万年前）
レッドウォール石灰岩
（3億4000万年前）
マウヴ石灰岩
（5億500万年前）
ブライトエンジェル泥板岩
（5億1500万年前）
テーピーツ砂岩
（5億2500万年前）
グランド・キャニオン・スーパーグループ
（7億4000万年〜12億年前）
ヴィシヌ基盤岩
（16億8000万年〜18億4000万年前）

---

⑤ MAP P80A2 ホピ・ポイント
Hopi Point

壮大な渓谷を一望

夕日スポットとして人気が高いのがホピ・ポイントだ。夕焼けに映えるキャニオンを見るために、日没の1時間前くらいには到着しておきたい。ベストポジションを確保したら、渓谷の美しい色の変化を静かに楽しもう。まるでほかの惑星の地表を見ているかのような気分に

ピマ・ポイントまでは静かな遊歩道を歩いてもよい

モハヴェ・ポイントからはコロラド川がよく見える

ラスベガス発！グランド・キャニオンツアー

ラスベガスからグランド・キャニオン国立公園へは空路ならわずか1時間〜1時間30分。大渓谷の感動を日帰りで味わえる。空から眺める渓谷、足で歩いて感じる大自然、欲張りに両方を体験しよう。

特徴

往復は1時間30分の遊覧飛行、地上観光はSUVの王様、ハマーを改造したオープンカー

7:00〜 START

ラスベガスの各ホテル発
バスが主要ホテルを順番にまわり、参加者をピックアップして空港へ。

↓

9:15

空港出発
ボルダーシティ空港からシーニック航空を利用し、グランド・キャニオン国立公園に向け出発。機内では日本語案内が流れる。景色にまつわる情報も流れるので、聞き逃さないようにしよう。

↓

9:30ごろ

フーバーダムを上空から見学
飛び立ってまもなく、眼下に見えてくる。1931年に着工し5年後に完成したこのダムの貯水量は約400億トン。なんと日本の全ダムの総貯水量の倍！

コロラド川からの落差、約221mという壮大なダムは圧巻

Check

**安く行くなら
バスツアーもおすすめ**

朝6〜7時に各ホテルに迎えのバスがまわり、グランド・キャニオンを日帰りするツアーがある。悪天候によるキャンセルが少なく、アメリカの広さを実感できるのが魅力。マーサー・ポイントでは約45分、ブライト・エンジェルでは1時間ほど自由時間がある。各ポイントではぜひリム・トレイルを歩きたい。ランチはボックスミールが配られるので車内で食べよう。各ホテルには18時30分ごろに到着する(→P64)。

注意事項 上記は「シーニック航空で行く！ハマー＆ヘリコプターでグランドキャニオン・デラックス1日観光」(→P65)を利用した場合の行程。

10:45

グランドキャニオン空港着

↓

11:00ごろ

ヘリコプターでグランド・キャニオン
上空を遊覧飛行

遊覧飛行は約30分。深さ1.6kmもある渓谷を上空から見
ると、吸い込まれそうな風景には驚くばかり。コロラド川
が削ってきた20億年分の地層もはっきり見える。

↓

12:00ごろ

ハマーに乗り換え地上観光へ

ヘリコプターでの遊覧飛行の後は、ハマーを改造したオー
プンカーに乗って約1時間の地上観光へ出発。

↓

12:30ごろ

人気のスポット、ヤバパイ・ポイントなどへ

ダック・オン・ア・ロックやヤバパイ・ポイント、グランド・ビュ
ー・ポイントなど、ほかのツアーではなかなか行くことができ
ない人気の眺望スポットを巡る。※訪れるスポットは当日の
状況により異なる

13:55

グランド・キャニオン空港出発

グランド・キャニオン空港からボルダーシティ空港へ向け出発。
行きと同様、シーニック航空を利用。

↓

15:10

ボルダーシティ空港着

↓ GOAL

16:00〜

ラスベガスの各ホテルへ

出発時同様、各ホテルをバスが巡回し、参加者を順番に降ろし
ていく。夜のショーなどにも間に合うので、1日が有効に使える。

グランド・ビュー・
ポイントからも壮
大な景色が望める

ノース・リムの
まっすぐな地平
線が望める

悠久の時がつくり出した

地球が生んだ"奇跡"
アンテロープ・キャニオン

いかにも西部の街
というカナブなど
を通って向かう

ロッキー山脈が隆起した際につくられたコロラド台地を、モンスーン期の雨水などが削り取った
驚異の光景。アンテロープ・キャニオンへはラスベガスから日帰りのバスツアーで。

MAP
P73C1

アンテロープ・
キャニオン

Antelope Canyon
Navajo Tribal Park

自然がつくり出した曲線美に感動
ロッキー山脈が隆起した際にできたコロラド
台地の一部。台地を流れる水が、やわらかい
砂岩を浸食して洞窟のような空間をつくり出
した。アッパーとローワーに分かれており、
アッパーでは岩の天井から日光が差し込む幻
想的な光景を目にすることができる。

DATA ✕ラスベガスから基地となるペイジまで車
で約5時間。見学は現地でもツアーでの参加となる
🕐ツアー開始は7時50分、9時50分、12時、14時、16
時10分(10〜3月は16時10分はなし、集合は30分前)
㊡なし㊎レギュラーツアー(1日5回催行)は約1時間
40分$101.54 ※ツアー会社は数社あり、時間・料金
は異なる。

やわらかい砂岩ゆえ水で削られ
やすい。毎年、表情が変わる

ツアーの途上、砂漠に力強く
大地に咲く花に出合うことも

カナブ・
ラスベガスへ

パウエル湖

89
ワーウィープ

グレン・キャニオン・
ダム

ローワー・
アンテロープ・
キャニオン

ペイジ

N

ホースシュー・ベンド

98

アッパー・
アンテロープ・
キャニオン

89

0　4km

ラスベガス発！アンテロープ・キャニオンツアー

アンテロープ・キャニオンを観光するなら、ラスベガス発のツアーもおすすめ。日帰りなので気軽に参加できる。グランド・キャニオン国立公園、ホースシュー・ベンドと絶景を満喫しよう。

特徴

早朝4時出発（冬期は3時出発）
日本人ガイド付き ／ 大荷物はNG

START

4:00～

ラスベガスの各ホテル発

4時から4時30分の間に、バスが主要ホテルを巡回、参加者をピックアップする。ホテルによって時間が異なるので注意。

14:00ごろ

ローワー・アンテロープ・キャニオン散策

アンテロープ・キャニオンには、アッパーとローワーがあるが、このツアーではローワーを約1時間30分見学。ローワー・アンテロープ・キャニオンはところどころ狭い箇所があったり、金属製の階段で滑りやすい箇所があるので足元には十分注意しよう。

狭い箇所や滑りやすい箇所には十分注意

砂岩と太陽の光の競演

8:15ごろ

ルート66を見学

アメリカの旧国道ルート66の街、ウィリアムズに立ち寄り、約10分見学。古き良きアメリカがそのまま残るノスタルジックな雰囲気を堪能。

世界的にも有名なドライブコース

9:30ごろ

グランド・キャニオン国立公園を見学

マーサー・ポイントを約45分、デザートビュー・ポイントを約30分見学する。マーサー・ポイントは突き出した岩崖から1.6kmの深淵を楽しもう。デザートビュー・ポイントではウォッチタワーもお見逃しなく。

大迫力のマーサー・ポイントを散策

16:00ごろ

ホースシュー・ベンドを見学

コロラド川の緑色と地層のオレンジ色とのコントラストがとても美しい、文字通り馬蹄型に削られた大地が見事な絶景ポイント。ホースシュー・ベンドの後は、巨大人造湖のレイク・パウエルを一望。

22:15～

ラスベガスの各ホテル着

途中、ラスベガスの手前の丘よりラスベガスの夜景を鑑賞する。22時15分～主要ホテルで順番に乗客を降ろしていく。夜のショーなどの予約を入れるのは避けた方が無難。

※上記は「世界遺産グランドキャニオン・アンテロープ・ホースシューベンド1日観光」（→P65）を利用した場合の行程

89

事前にチェックしよう！

セドナ早わかり

燃えるような赤い岩の街セドナはネイティブ・アメリカンの聖地。セドナの街は、州道179号線と州道89A号線が交差する通称 "ザ・ワイ" を中心に、次の4つのエリアに分かれている。

アクセス

日本からの直行便はなく、米国内主要空港からフェニックスまたはフラッグスタッフまで乗り継ぐ。フェニックスから車で約2時間。フラッグスタッフから車で40分ほど。フェニックスからセドナまで数社がシャトルバスを運行している。片道$68〜。
グルーム・トランスポーテーション Groome Transportation
☎(928)350-8466 URL groometransportation.com

❶ ウエスト・セドナ
West Sedona

スーパーやレストランも揃う便利な街

州道89A号線沿いに大型スーパーやレストラン、市役所、病院など、ローカルが利用する店舗や施設が点在。

❷ アップタウン・セドナ
Uptown Sedona

ホテルやレストランが集まる中心地

徒歩圏内に観光案内所やみやげ物店、レストランやギャラリー、ツアーオフィスなどが集まるセドナの中心。

❸ ギャラリー・ディストリクト
Gallery District

アート巡りを楽しむならここ

大小のアートギャラリーが集中するエリア。州道179号線沿いにギャラリーやショップの入ったモールが並ぶ。

❹ ビレッジ・オブ・オーク・クリーク
Village of Oak Creek

宿泊施設やゴルフ場も

ベル・ロックから南に延びるエリア。ゴルフ場やホテルのほか、ガソリンスタンドやローカル向けの店も多い。

行く前に Check

●情報収集はここで

観光案内所 Visitor Center　MAP ●P119A3
アップタウンにあるセドナ商工会議所の観光案内所。観光スポットやイベントなどのパンフレットも豊富なので、観光に必要な情報はここで入手しよう。
⊕331 Forest Rd. ☎(928)282-7722 ⊕8時30分〜17時 ⊛なし

・陸と空のアクティビティ

四輪駆動車だから岩場も瓦礫道もガッチリ走行

レッドロック・カントリーとよばれるセドナ。その赤い大地を陸から空から
ダイナミックに体感。大地にみなぎるパワーを全身で受け止めよう。

ジープ・ツアー
Jeep Tour

MAP P119B3

ワイルドな山道をばく進！

赤い土埃を上げて走るワイルドなジープ・ツア
ーで探検家気分を楽しもう。ボルテックスを
まわるコースをはじめ、山道を分け入るコース
などさまざまなオプションがある。

DATA レッド・ロック・ウエスタン・ジープ・ツアーズ(Red Rock Western Jeep Tours) ⊗観光案内所から徒歩3分 ⊕2900 W. State Route 89A ☎(928)282-6667 URLwww.redrockjeep.com ⊕7〜19時(11〜3月は〜18時30分) ⊛なし ⊛2時間2名で＄327〜(ツアーにより異なる)

1.1880年代に一気に地崩れしたデビルズ・キッチン・シンクホール 2.コーヒーポットの裏側(左端)。その右隣はヤバパイ族の3人家族 3.セブン・セイクリッド・プールズ(7つの聖なる池)に到着！

気球ツアー
Balloon Tour

MAP P119B3

空から大パノラマを堪能

鳥になった気分でレッドロック
を眺望。明け方に出発し、空
で日の出を迎える。気球を膨らます作業から始ま
り1時間〜1時間30分のフライト。ピクニックを
含め全行程3〜4時間。

DATA レッド・ロック・バルーンズ(Red Rock Balloons) ⊗観光案内所から徒歩3分 ⊕2730 W State Route 89A, Suites A-18 ☎(800)258-3754 URLwww.redrockballoons.com ⊕9〜18時(オフィス) ⊛なし ⊛＄350(身長122cm以上)

マウンテンバイク
Mountain Bike

MAP P118B4

赤い荒野を自由自在に疾走

セドナはバイクトレイルの宝庫。
マウンテンバイクをレンタルして、
セドナの大地を駆けめぐるのも爽
快。レンタル料にはヘルメットや
空気入れなども含まれている。

DATA アブソルート・バイクス(Absolute Bikes) ⊗観光案内所から車で15分 ⊕6101 Highway 179, Suite B ☎(928)284-1242 URLwww.absolutebikes.net ⊕10〜18時(日曜は〜16時) ⊛なし ⊛＄39〜(1日/機種により異なる、別途保証金＄10)

便利な乗り物

セドナには公共の交通手段がない。流しのタクシーも走っていないので、以下で紹介する観光客向けのサービスなどを利用しよう。

● セドナ・トロリー
Sedona Trolley

アップタウンのバス停(MAP● P119B3)から出発する乗り降り
自由のガイド付きトロリー。ホーリー・クロス教会まで行くツアーA(11時、14時にアップタウンを出発)とボイントン・キャニオンまで行くツアーB(10時、12時30分、15時30分、17時にアップタウンを出発。季節により変更あり)がある。チケットはオンラインまたはアップタウンのバス停前にあるオフィスで購入。☎(928)282-4211 ⊕10〜17時 ⊛なし ⊛＄23.99+TAX、AとBの共通券＄37.99+TAX 所要時間A、Bいずれも55分

● ヴェルデ・リンクス
Verde Lynx

セドナと隣町コットンウッドを結ぶシャトルバス。セドナ市内の移動に便利。平日は30分〜2時間に1本の運行で、日曜は本数が少ない。料金は乗車時に直接現金を渡す。アップタウンの停留所はセドナ市営駐車場。ウエスト・セドナ8カ所はじめ市内12カ所に停車。☎(928)282-0938 ⊕6〜19時 ⊛なし ⊛＄2。セドナ内のみの乗車＄1(いずれも乗車1回)

大地からのエネルギーが放出されるボルテックスへ
地球のエネルギーを感じる
パワースポット巡り

セドナの魅力は何といっても燃えるような赤い大地。なかでも
強いパワーがあると人々を引きつけてやまないのが"ボルテックス"だ。

瞑想をしながらご来光を迎える
と神聖な気持ちに

まわり方アドバイス

車がない人は、ジープ・ツアー会社(→P91)などが主催しているボルテックス・ツアーを利用しよう。レンタカーを使って自分でまわる人は早朝からスタートし、夕方暗くなるまでにはホテルへ戻ろう。日が暮れてから外灯のない道を車で走る場合は、野生動物の飛び出しなどもあり危険。運転は慎重に。

1 エアポート・メサ
🚐 車で約10分
前日に日の出の時間を確認し、日の出に合わせて訪れよう。

2 ボイントン・キャニオン
🚐 車で約25分
ボルテックスはトレイル入口から歩いて15分程度のところにある。

3 ホーリー・クロス教会
🚐 車で約15分
教会の中に入って、礼拝堂の窓越しに景色を眺めよう。

4 ベル・ロック
州道179号線沿いから一目瞭然。トレイルを歩けばぐんぐん近づく。
🚐 車で約20〜25分

5 カセドラル・ロック
渓流も見たければクレセント・ムーン・ランチかヴェルデ・バレー・スクール・ロード経由で。

Check ボルテックス

大地から強いエネルギーが放出されている場所。特に「エアポート・メサ」「ボイントン・キャニオン」「ベル・ロック」「カセドラル・ロック」の4大ボルテックスはハイキングや瞑想スポットとしても人気。自分にピッタリのボルテックスを探してみよう。

---

1 MAP P118B2

エアポート・メサ
Airport Mesa

セドナが一望できる特等席

ウエスト・セドナからベル・ロックまで360度見渡せる絶景スポット。エアポート・メサには元気をくれる男性性のエネルギーがあるといわれている。ここで日の出と朝焼けのセドナを目に焼きつけ、フレッシュな1日を始めよう。

- -
DATA 交観光案内所から車で3分。エアポートロード沿いにあり、トレイルヘッドから岩山を少し上がる

キャピトル・ビュートやコーヒー・ポット・ロックが見渡せる

＼ベストタイム！／
日の出から午前

＼ベストタイム！／
午前

2 MAP P118A1

ボイントン・キャニオン
Boynton Canyon

先住民が聖地とする深い谷

先住民ヤバパイ族がセドナで最も神聖な場所としているスポット。ボルテックスは、カチナウーマンとよばれる岩とノールという小山の間。女性性と男性性のエネルギーが流れ、身体と感情、精神のバランスをとるという。

- -
DATA 交観光案内所から車で10分。カチナウーマンへはボイントン・キャニオン・トレイル入口付近から分かれるビスタ・トレイルの先

カチナウーマン(左)は女性性をノールは男性性を司る

＼ベストタイム！／
午後

3 MAP P118B2

ホーリー・クロス教会
Chapel of the Holy Cross

岩の間に建てられた祈りの場

近代建築の巨匠フランク・ロイド・ライトの弟子、マーガレット・ストードにより、1956年に建てられたローマン・カトリック派の教会。

- -
DATA 交観光案内所から車で10分 住780 Chapel Rd. 時9〜17時 休なし

当時の教会としては珍しいコンテンポラリーな意匠

ポイントン・キャニオン
スチームボート・ロック
キャピトル・ビュート
コーヒー・ポット・ロック
フラッグスタッフ
・アミタバ・ストゥーパ
チムニー・ロック
アップタウン・セドナ
コットンウッド
ウエスト・セドナ
・ワイン
スヌーピー・ロック
①エアポート・メサ
セドナ空港
エレファント・ロック
③ホーリー・クロス教会
レッド・ロック・クロッシング
ザ・ナンズ
マドンナ＆チャイルド
⑤カセドラル・ロック
コートハウス・ビュート
ベル・ロック④
ビレッジ・オブ・オーク・クリーク
フェニックス
0 2km

MAP P118B3

④ ベル・ロック
Bell Rock

力強さではダントツの巨岩

４大ボルテックスのなかでもひときわ赤く、シンプルな鐘の形が力強い印象のベル・ロック。男性性のエネルギーをもつとされ、ここに来るとてっぺんまで登りたくなる人も多い。岩肌に浮き出た水晶が多く見られるのもここ。

ベストタイム！
午後から日の入り前

DATA ⊗観光案内所から車で20～25分
州道179号線をビレッジ・オブ・オーク・クリークへ向かう途中にあるビュー・ポイントから見よう

MAP P118A3

⑤ カセドラル・ロック
Cathedral Rock

セドナの象徴となる優美な姿

ゴシック教会のような壮麗な形。女性性の優しいエネルギーで心身が癒やされる。麓のレッド・ロック・クロッシングでオーク・クリークのせせらぎに耳を傾けながら、のんびり眺めよう。

DATA ⊗観光案内所から車で20～35分。アッパー・レッド・ロック・ループ・ロード、チャベス・ランチ・ロードを経由し、レッド・ロック・クロッシング・ロードの行き止まりから、ヴェルデ・バレー・スクール・ロードの行き止まりにある駐車場から、またはバック・オー・ビヨンド・ロード沿いの駐車場から、と３通りの行き方がある

Check ほかにもある！ユニークな岩

コートハウス・ビュート
Courthouse Butte
MAP●P118B3
堂々とした裁判所の建物に見える

エレファント・ロック
Elephant Rock
MAP●P118B2
長い鼻が上を向いている象のよう

マドンナ＆チャイルド
Madonna and Child
聖母マリアが幼いイエスを抱いている姿（左）
ザ・ナンズ The Nuns
２人のシスターが並んで立っている（右）
MAP●P118B2

コーヒー・ポット・ロック
Coffee Pot Rock
MAP●P118A1
東向きに注ぎ口があり、フタもついている。コーヒーポットの前にはシュガーローフ（ケーキ）も

キャピトル・ビュート（サンダー・マウンテン）
Capitol Butte
(Thunder Mountain)
MAP●P118A1
ディズニーランドのビッグサンダー・マウンテンのモデルとなった

チムニー・ロック
Chimney Rock
MAP●P118A1
煙突の形。角度によっては３本に見える

スヌーピー・ロック
Snoopy Rock
MAP●P118B1
屋根に寝ているスヌーピーおなじみのポーズ

スチームボート・ロック
Steamboat Rock
MAP●P118B1
煙突のある長くて大きな蒸気船

レッド・ロックが水面に映る風景は絵画のよう
ベストタイム！
午後

壮大な自然のなかでリラックス体験を

体と心をリチャージ
セドナ的癒やしの時間

自然のパワーだけでも癒やされるけど、セドナにはスパやヨガのメニューもいっぱい。
体と心が喜ぶ時間を自分へのご褒美にしてみては？

ヨガ

セドナ全域	MAP P118

セドナ・スピリット・ヨガ & ハイキング
Sedona Spirit Yoga & Hiking

赤土のフロアでストレッチ

ハイキングは時間や体力などを考慮してコースを選び、ヨガも易しい動きが中心。マットと水ボトルは用意してくれるので、動きやすい服装とハイキング用の靴を着用のこと。ホテルが近ければ当日宿泊先に迎えに来てくれる（無料、要予約。チップ別途）。

DATA ☎(928)282-9900 ㈹3時間1人$155〜（2人以上）※要予約。場所は予約時に確認を URL www.yogalife.net

1.呼吸を整え体を動かし、心身ともにリフレッシュ
2.自生の植物やボルテックスの解説を聞きながら歩く
3.ヨガハイクで20年以上の経験をもつジョハンナさん

ハイキング

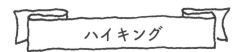

ギャラリー・ディストリクト	MAP P118B2

ハイク・ハウス
The Hike House

自然を歩くだけでも癒やしに

ハイキング前に立ち寄りたい店。本格的ウエアやスナックも販売。ガイドツアーもあり。

DATA ㊦観光案内所から徒歩12分 ㊤431 State Route 179 ☎(928)282-5820 ㊗9〜18時（日曜は〜17時）㊡なし URL thehikehouse.com

2.ハイキング関連なら何でも揃うワンストップショップ
3.普段着としても着たくなるかわいいウエアがたくさん

1.オーナーのグレーシーさんとガイドの"ミスター・セドナ"

Check 動物好きにおすすめ

イクワイン・ガイダンス
Equine Guidance

人の気持ちを理解できるといわれる馬とふれあい、過去のトラウマや感情のわだかまりを解き放つ。セッションは感情の動きをファシリテーターに報告しながら進められるため、ある程度の英語力が必要。

DATA ☎(928)301-7688 ㊗10〜13時 ※季節により異なる ㊡なし ㈹3時間体験$1225 ※要予約。場所は予約時に確認を URL www.equineguidance.com

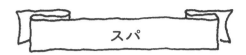

スパ

1. 身体のチャクラにそれぞれ対応したオイルでマッサージする　2. スパ利用者はプールやジャクジーも使用可能　3. マッサージ後はのんびりとリラックスした時間を過ごしたい

ウエスト・セドナ	MAP P119A1

ワイルド・ヘブン・スパ
Wilde Haven Spa

センスあふれる空間でくつろぐ

ラグジュアリーホテル「セドナ・ルージュ」の別棟。スパ利用者はジャクジーやサウナ、プールも自由に使える。マッサージやトリートメントのほか、アーユルヴェーダに特化したトリートメントも充実。

DATA ⊗観光案内所から車で7分 ⊕2250 W. State Route 89A ☎ (928)340-5331 ⊕9〜19時 ⊛なし URL www.thewilderesort.com/spa ※要予約

セドナズ・セブン・セイクリッド・プールズ
Sedona's Seven Sacred Pools
60分 $195

ココニノの森にある同名の場所になぞらえたトリートメント。体の7つのチャクラにそれぞれ対応したオイルでマッサージし、温めた石を置いてエネルギーの流れを促す。

ビレッジ・オブ・オーク・クリーク	MAP P118B4

エフォーリア・スパ・バイ・ヒルトン・セドナ
Eforea Spa by Hilton Sedona

施設の充実度はセドナ随一

2300㎡の広さを誇る「ヒルトン・セドナ・リゾート・アット・ベルロック」のスパは、セドナで唯一のフルサービスのスパ。ヘアとネイルのサロンやフィットネスクラス、屋外の温水プールやジム、テニスコートまで充実した施設が自慢。早朝からオープンしている。

DATA ⊗観光案内所から車で20分 ⊕90 Ridge Trail Dr. ☎ (928)284-6900 ⊕8時〜19時30分 ⊛なし URL www.hilton.com/en/hotels/sdxsehh-hilton-sedona-resort-at-bell-rock/

ウエスト・セドナ	MAP P119A1

セドナ・ニュー・デイ・スパ
Sedona's New Day Spa

セドナらしいメニューが充実

ボディトリートメント、フェイシャル、ネイルやワックスのほか、パワーストーンを使うマッサージがある。

DATA ⊗観光案内所から車で10分 ⊕3004 W. State Route 89A ☎ (928)282-7502 ⊕9時〜18時30分最終受付(日曜11時〜17時30分最終受付) ⊛なし URL www.sedonanewdayspa.com ※要予約

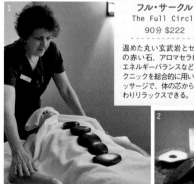

フル・サークル
The Full Circle
90分 $222

温めた丸い玄武岩とセドナの赤い石、アロマセラピー、エネルギーバランスなどのテクニックを総合的に用いたマッサージで、体の芯からじんわりリラックスできる。

ターコイズ・セイジ・マウンテン・アルニカ
Turquoise Sage Mountain Arnica
90分 $215

ターコイズ・セイジとアルニカをブレンドしたオイルの全身マッサージで、筋肉の張りや痛みを緩和。フェイスマッサージも付く。

1. 全身が温まり、日頃の疲れがほぐれていく　2. なめらかな石はオイルマッサージに最適　3. 庭に面した明るいウェイティングルーム

1. スウェットロッジではスチームでトリートメント　2. トリートメントの前後に、ゆったりとくつろげるアウトドアの空間　3. 至福のリラックスタイム

食材にもこだわった料理で体の中から健康に

地元食材がおいしい 自然派レストラン

世界的観光地でもあるセドナには国際色豊かなレストランが勢揃い。
ここではローカルに特化した自然志向のレストランをご紹介。

アップタウン・セドナ | **MAP P119B3**

クレス・オン・オーク・クリーク
Cress on Oak Creek

渓流沿いの美しい隠れ家

オーク・クリークのほとりにあるレストラン。セドナの美しい自然を感じながら食事が楽しめる。シェフのレベルも高く伝統的な味をさらに引き立てると有名で、「アメリカの食事がおいしいホテル15」に選出された。

DATA 交観光案内所から徒歩11分 住301 L'Auberge Lane ☎(855)905-5745 時7～21時（日曜10時～）休なし

1.2.セドナで唯一、オーク・クリーク沿いで食事が楽しめる

コブサラダ $29（上）

トマト、ベーコン、チキン、アボカド、ゆで卵などがのったサラダ

オーラ・キング・サーモン $42（下）

最高級ブランドのオーラ・キング・サーモンにスモークしたトマト、ホウレンソウなどを添えて特製ソースをかけた一品

セドナで食べたい！料理と食材

アリゾナ州を含むアメリカ南西部には、カウボーイやネイティブアメリカン、そして特にメキシコ文化の影響を受けた料理を出す店が多い。

🍴 **トラウト Trout**
淡水の鮭といわれるマス。オーク・クリークにニジマスの養殖所がある。

🍴 **バッファロー Buffalo**
別名アメリカバイソン。牛肉より脂肪が少なくさっぱりしている。

🍴 **カクタス Cactus**
ウチワサボテン（プリックリー・ペア・カクタス）の葉。繊維とビタミンCを含む。

ウエスト・セドナ　MAP P119B1

ショコラツリー
Chocola Tree Organic Eatery

ローフーディアン御用達

オーガニックに徹したレストランとしてはアリゾナ屈指。メニューは肉を使わず、乳製品も最小限しか使わない。なかでも食材を加熱せずに調理したローフードが充実。併設の厨房で作る生チョコレートも絶品。

DATA ⊗観光案内所から車で5分 ⊕1595 W. Hwy.89A ☎ (928)282-2997 ⊕10〜16時(金・土曜は〜20時) ⊛なし
※8名以上は要予約

ケール・キヌア・サラダ $11（上）

栄養たっぷりのキヌア(アンデス原産の穀物)と生のケールをアーモンドドレッシングで

ダブル・チョコレート・ガナッシュ $8（下）

チョコレート・チーズケーキのような濃厚な口どけを楽しめる

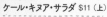

1. チョコ作りにはエクアドルからフェアトレードによるカカオを使用　2. 3つのフレーバーのオーガニックノリチップス各$7　3. 彩りも美しい料理は菜園のある庭で食べたい

ギャラリー・ディストリクト　MAP P118B2

オーク・クリーク・ブリュワリー & グリル
Oak Creek Brewery & Grill

地ビールとBBQリブに舌鼓

ドイツでビール醸造を学んだクラウス家がウエスト・セドナに醸造所を設けたのは1995年。同社直営のこのレストランでは、手造りビールにボリュームいっぱいのアメリカ料理を提供。48時間漬け込んだBBQポークリブはやわらか。

DATA ⊗観光案内所から徒歩10分 ⊕336 State Route 179 D-201 ☎ (928)282-3300 ⊕11時30分〜19時30分 ⊛なし

ブラートヴルスト $16（中左）

合びきソーセージとザワークラウトのドイツ風グルメホットドッグ

炭火焼きリブ肉自家製ソースかけ $35（ハーフは $25）（手前）

48時間漬け込みじっくり焼いたリブ。骨からすぐ外れるほどやわらか

1. 季節のスペシャルビールも含め常時8、9種類が揃う。グラス $6.50〜　2. テイスティングセット $14で飲んで味比べ

まだまだあります！おすすめスポット

"アメリカで最も美しい街" セドナの街歩き

観光客やアウトドア愛好者、芸術家が世界から集まってくるセドナには、魅力のスポットが満載。

アップタウン・セドナ ┃ MAP P119B2 ┃ セドナ・アーツ・センター・ギャラリー
Sedona Arts Center Gallery

地元の芸術家の傑作を展示

アートスクールを併用したギャラリー。"カウボーイ・アーティスト"先駆者の作品など地元芸術家約100人の作品が展示されている。

DATA 🚇観光案内所から徒歩8分 🏠15 Art Barn Rd. ☎(928)282-3809 🕙10〜17時(日曜12時〜) 🈺月曜(季節により異なる)

1. アップタウン・セドナの東のはずれにある 2. 絵画、彫刻、写真などセドナのアートが一堂に

アップタウン・セドナ ┃ MAP P118B1 ┃ セドナ・ヘリテージ・ミュージアム
Sedona Heritage Museum

セドナ開拓時代の歴史を語る

白人の入植が始まった1870年代から1950年代の西部劇映画全盛期に焦点を当てた歴史博物館。元リンゴ園は気持ちのよい公園となっている。

1. ジョーダン夫妻のリンゴ園と住居が博物館に 2. 古き良きアメリカの生活ぶりが垣間見られる

DATA 🚇観光案内所から徒歩14分 🏠735 Jordan Rd. ☎(928)282-7038 🕙11〜15時 🈺なし 🈯入場料$7、オーディオガイドツアー$10

ギャラリー・ディストリクト ┃ MAP P118B2 ┃ テラカパキ・アーツ ＆ クラフツ・ビレッジ
Tlaquepaque Arts & Crafts Village

高級感あふれるモール

1970年代に建てられたメキシコ様式の建物にアートギャラリーやブティック、ジュエリー、工芸品など高級志向の店舗が40以上並ぶ。

DATA 🚇観光案内所から徒歩20分 🏠336 State Route 179 ☎(928)282-4838 🕙10〜17時(土・日曜は〜18時) 🈺なし

1. 敷地内には美しい教会もある 2. メキシコの街角のようなたたずまいが特徴

アップタウン・セドナ | **MAP P119A3**

ワイルドフラワー・ブレッド・カンパニー
Wildflower Bread Company

通いたくなるおしゃれカフェ

早朝から開いているグルメなベーカリーカフェ。各種サンドイッチ（＄10.69〜）と日替わりスープのコンボ（＄13.29〜）が人気。15時以降はパスタもある。

DATA ⊗観光案内所から徒歩1分 ⊕101 N.Highway 89A ☎(928)204-2223 ⊕8〜20時 ⊛なし

1. 昼食時は行列ができる
2. さまざまな種類のサンドイッチを販売

ウエスト・セドナ | **MAP P119B1**

ホールフーズ・マーケット・セドナ
Whole Foods Market Sedona

デリも充実した自然派スーパー

全米に展開し、多くの有機栽培農園と提携している自然志向のスーパーマーケット。自家製パンやグルメ物菜、コスメも充実している。

DATA ⊗観光案内所から車で5分 ⊕1420 State Route 89A ☎(928)282-6311 ⊕7〜21時(コーヒー＆ジュースバーは〜14時) ⊛なし

質の高い食料品を提供。フロアも広くきれい。ナチュラル志向だったらぜひ立ち寄りたい

ステイガイド

ヒルトン・セドナ・リゾート・アット・ベルロック
Hilton Sedona Resort at Bell Rock

ハイエンドな複合リゾート

スパ施設やフィットネスセンター、テニスコートを備えた複合リゾート施設。18ホールのゴルフ場も隣接。各客室に暖炉やフラットTV、バルコニーも設けられている。

DATA ⊗観光案内所から車で20分 ⊕90 Ridge Trail Dr. ☎(928)284-4040 ⊛スタンダード＄270〜430 ＜客室数＞221室 URLwww.hiltonsedonaresort.com MAP●P118B4

スカイ・ロック・セドナ
Sky Rock Sedona

展望のよいデッキが自慢

エアポート・メサまで歩いていける便利なロケーション。テーブルも備えた広いデッキからレッドロックが見晴らせる。セドナ市内を無料シャトルが運行している。

DATA ⊗観光案内所から車で4分 ⊕1200 W. Highway 89A ☎(800)292-6344 ⊛＄202.85〜 ＜客室数＞108室 URLskyrocksedona.com MAP●P119B1

ブライアー・パッチ・イン
Briar Patch Inn

小川のほとりのコテージ

オーク・クリーク沿いに立つB&B。緑の中にカップル用からキッチンを備えた家族向けの部屋まで19のカントリー風コテージが点在する。朝食にはパンやフルーツ、卵料理を提供。ガゼボでマッサージも受けられる。

DATA ⊗観光案内所から車で6分 ⊕3190 N. State Route 89A ☎(928)282-2342 ⊛＄285〜 ＜キャビン数＞19室 URLwww.briarpatchinn.com MAP●P118B1

 Las Vegas Travel Info

アメリカ出入国の流れ

大事な出入国情報は旅行が決まったらすぐにチェック!
万全の準備で空港へ。

アメリカ入国

 到着 Arrival

航空機から降りたら案内に沿って入国審査(Immigration)へ向かう。パスポート、ESTAの渡航認証画面のプリントもしくは認証許可番号の控え、復路または次回への航空券(eチケット控え)を用意しておこう。パスポートにカバーをかけている場合は必ず外しておくこと。

 入国審査 Immigration

入国審査官のいるブースへ。入国目的、滞在期間、宿泊先などの簡単な質問に答える。税関申告が必要なものがあれば、ここで申告。アメリカへの渡航が初めての場合は、指紋の採取と顔写真の撮影が行われ審査終了となる。パスポートに入国スタンプが押されたら完了。

荷物受取所 Baggage Claim

入国審査が終わったら機内預け荷物受取所へ。自分の搭乗便名を確認して、ターンテーブルに荷物が出てきたらピックアップする。もしも荷物に破損があったり、出てこなかった場合は荷物引換証(Claim Tag)を航空会社の係員に見せてその旨を伝える。通常、荷物引換証は航空券の裏に貼られている。

 乗り継ぎ便へ Transfer

ラスベガスへ乗り継ぐ場合は、利用航空会社の乗継手荷物預りカウンターで荷物を預け、ゲートへ向かう。搭乗便によってはターミナル間の移動が必要な場合もある。ラスベガス着後は到着ロビーへ移動、ツアーなどで各旅行会社の係員が待っている場合はその指示に従う。他国からの直行便で来た場合は、ラスベガスで入国審査を行う。

●アメリカ入国時の制限

○申告対象品目
現金…持ち込み、持出しは無制限。ただし、$1万相当以上の額の場合、申告が必要。
みやげ品$100相当以上は申告が必要。
○主な免税範囲
アルコール飲料1ℓまで。たばこ200本、葉巻100本まで。
※酒類・たばこの持込みはいずれも21歳以上。
○主な持込み禁止品
肉製品(エキス、即席めん等含む)、わいせつ物、規制薬物、動植物、食品(フルーツなど含む)など。

日本出国時の注意点

●アメリカの入国条件

出発の10日〜1カ月前までにチェック

○パスポートの残存有効期間
入国時に90日以上必要。

○ビザ免除プログラムの利用条件
ESTAにより渡航認証がされていること。商用・観光または通過目的の90日以内の滞在であること。日本のEパスポート(IC旅券)、往復または次の目的地までの航空券、乗船券を所持していること(eチケットの場合は旅程確認書)。
※上記以外の場合は在米国大使館と領事館のウェブサイトで確認を。
URL jp.usembassy.gov/ja/visas-ja/
※2011年3月以降にイラン、イラク、北朝鮮、スーダン、シリア、リビア、ソマリア、イエメン、2021年1月12日以降にキューバに渡航または滞在した等の場合はビザが必要。

旅行が決まったら準備

●ESTA(電子渡航認証システム)

ビザ(査証)を取得せずに、アメリカへ商用・観光または通過目的で90日以内の入国をする場合、「ESTA」の申請が必要。費用は$21で、支払いは、指定のクレジットカードまたはデビットカードにて行う。現在、マスターカード、VISA、アメリカン・エキスプレス、ディスカバー(JCB、ダイナースクラブ)が利用可能。遅くとも渡航の72時間前までに取得しておこう。一度認証されると2年間有効(2年以内にパスポートが失効する場合はパスポートの有効期限まで)。
○ESTA
URL esta.cbp.dhs.gov/

●Visit Japan Web ※任意

日本入国・帰国手続きに必要な「入国審査」「税関申告」をWebサイト上で行うことができるサービス。日本出国前にメールアドレスでアカウントを作成し、同伴する家族などの利用者情報や、入国・帰国のスケジュールを登録しておくとスムーズ。税関申告の登録は、日本帰国時に空港内の税関検査場にある電子申告端末を操作するときに必要。Visit Japan Webの「日本入国・帰国の手続き」の「携帯品・別送品申告」をタップして手続きを済ませると、「携帯品・別送品申告」の情報を含んだ二次元コードが発行される。二次元コードを未発行の場合は申告書を書いて税関カウンターへ進む。
○Visit Japan Web
URL vjw-lp.digital.go.jp/ja/

 **注意事項** ESTAの申請後、入国時に確認を求められることはないが、心配なら領収書をプリントしてパスポートと一緒に保管しておくと安心。

◯ アクセスガイド

● 空港の出発ターミナル

成田国際空港では利用する航空会社によって第1旅客ターミナルと第2旅客ターミナルに分かれる。ユナイテッド航空、全日本空輸、デルタ航空、大韓航空は第1、日本航空、アメリカン航空は第2に発着。

◯ 日本帰国時の制限

日本帰国時の税関は、Visit Japan Web（→P100）で電子申告（推奨）をするか、機内や税関前にある「携帯品・別送品申告書」を提出する（家族は代表者のみ）。

● 主な免税範囲

酒類	3本（1本760㎖程度）
たばこ	1種類の場合、紙巻200本、葉巻50本、その他250g。2種類以上の持込みは換算して250gまで。日本製と外国製の区別はない。加熱式たばこのみの場合は、個包装等10個（1箱あたりの数量は紙巻きたばこ20本に相当する量）まで
香水	2オンス（約56㎖、オーデコロン・オードトワレは除外）
その他	1品目ごとの海外市価合計額が1万円以下のもの全量、海外市価合計額20万円まで

● 主な輸入禁止品と輸入制限品

○輸入禁止品
麻薬類、銃砲類、わいせつ物、偽造ブランド品、土付きの植物など。
○輸入制限品
ワシントン条約で規制されている動植物や物品（象牙、ラン、ワニ革、ヘビ革など）。一般的な観光日程での輸入手続きは困難。土付きの植物、果実、切り花、野菜、肉類（乾燥肉、ハム、ソーセージなど含む）など植物防疫法・家畜伝染病予防法で定められた物品は、検査証明書を添付して動植物検疫カウンターで検疫を受ける必要がある。化粧品などは数量制限あり。

● 荷物の注意点

○持込み
ナイフやハサミ、工具などの凶器類は機内持込みができない。なお、引火性のある日用・スポーツ用スプレーや、ライター用燃料、花火といった危険物は預け入れも持込みも禁止されている。

○預け入れ
預け入れが可能な荷物の大きさや重さ、個数の制限は利用する航空会社によって異なるので、事前に各航空会社の公式HPなどで要確認。携帯電話やノートパソコンなどの電子機器の予備電池、喫煙用ライターや電子たばこは預け入れ禁止なので、機内持込み手荷物に入れるのを忘れずに（種類によっては持込みも不可）。

○液体物の機内持込み制限
機内持込み手荷物に100㎖以上の液体物が入っていると、出国時の荷物検査で没収となるので注意。100㎖以下の容器に入れ、ジッパーのついた1ℓ以下の透明プラスチック製袋に入れて持ち込める。詳細は国土交通省のウェブサイトURL www.mlit.go.jp/koku/15_bf_000006.html 参照。

◯ アメリカ出国

❶ チェックイン Check-in

旅行会社がホテルまで迎えにきてくれるツアー参加の場合は、ツアーバスで空港へ。個人の場合は、レンタカーやタクシー、シャトルバスで空港へ。レンタカーの場合は返却時間も考えて早めに出発を。空港に到着したら航空会社のチェックインカウンターで搭乗手続きを行うため、パスポートと航空券（eチケットの番号や控えを含む）を提出。日本まで同一航空会社または共同運航便、同一グループの乗り継ぎ便を利用する方は、ここで最終目的地までの搭乗手続きも併せてできる。預け荷物は日本までスルーで運んでくれるので、経由地で受け取る必要はない。異なる航空会社を利用する場合は、国内線のみのチェックインとなり、経由する空港で改めて日本の搭乗手続きが必要となるので注意しよう。心配な場合は、カウンターで最終目的地である日本までの搭乗手続きができるか確認しよう。国内線のみの搭乗手続きとなった場合、経由地での荷物の引き取りが必要な場合もあるので要注意。セルフサービスのキオスクを利用した場合は、印刷された搭乗券とクレームタグを受け取り、カウンターの係員のところに持って行き荷物を預ける。

❷ 手荷物検査と搭乗 Security Check & Boarding

出発ゲートに入る際に手荷物検査とボディチェックを受ける。パスポートと搭乗券を検査官に提示し、手荷物と靴のX線検査を受ける。上着や靴、ゲートで反応しそうな貴金属はあらかじめ外してトレイに入れておくこと。特に問題がなければスムーズに通過できるが、X線検査で中身がわからなかった場合などは手荷物を開けられることも少なくない。
ゲートを通って手荷物検査を終えれば出国完了。あとは搭乗口へ向かうのみ。ショップやレストラン、両替所もあるので、時間まで有効に過ごせる。余裕をもって30分前には搭乗口へ。

● TSAロックについて
テロ対策から施錠された手荷物は開けられる場合があり、壊れても保険の対象とならない。米国国土安全保障省運輸保安局が認めたTSAロックがついた手荷物の場合のみ施錠してOKで、そのほかの場合、施錠はしないで預ける。

❸ 乗り継ぎ便へ Transfer

経由地の空港に到着したら、搭乗する航空会社のあるターミナルまたはゲートに移動する。同一航空会社や共同運航便の場合は、同一ターミナル内に乗り場があることが多いので外に出る必要はない。搭乗便のゲートまで案内に従って移動しよう。あとは搭乗するのみだ。一度外に出ると、再度セキュリティーチェックを受ける必要があるので要注意。ほかの航空会社を利用する場合は、荷物受取所で荷物をピックアップ（必要に応じて）し、利用航空会社のカウンターがあるターミナルまで移動して、搭乗手続きを行う。ロサンゼルス空港など大きな空港の場合は、ターミナル間の移動も時間がかかるため、乗り継ぎ所要時間は最低でも90分はみておこう。

❹ 出国 Departure

経由地で搭乗手続きを終えたら、手荷物検査場を通過してゲートへと進めば、出国完了。

空港から
ラスベガス中心部への交通

空港からラスベガス中心部への移動手段は3つある。
目的地までノンストップで行けるタクシーが一番早く、ストリップへ5〜15分。

● ハリー・リード国際空港
Harry Reid International Airport

MAP
P114B4

国内線用のターミナル1(T1)と、国際線と一部国内線用のターミナル3(T3)に分かれている。T1〜T3間は12〜15分おきに運行する無料のシャトルで結ばれており、シャトルの乗り場はT1、T3ともにレベル0にある。

● 空港内の主な施設

○ターミナル1

国内線が発着し、A〜Cの3つのゲートをもつ。2023年8月現在、日本〜ラスベガス間には直行便が運航していないため、ロサンゼルスやサンフランシスコなどアメリカ国内の都市で乗り継ぎ便を利用した場合は、こちらに到着する。T1とT3をつなぐサテライトにDゲートがある。チェックインカウンターとバゲージクレームはレベル1にある。

ショップ ファッションやコスメのショップのほか、ギフトショップもある。

飲食店 ハンバーガーショップやアイスクリーム店、コーヒーショップなどのカジュアルな店が多い。

両替所/ATM 両替所は、トラベレックスがレベル1のバゲージクレーム近くにある。ATMは随所に設置。

ネット環境 パブリックエリア内であれば、無料でWiFiインターネット接続ができる。

レンタカーデスク 空港から少し離れた24時間営業のレンタカーセンターRent-a-Car Centerにあり無料のレンタカーシャトルで行くことができる。レベル1の出口10および11を出たところに乗り場がある。

T1を発着する主要航空会社 アレジアント航空、アメリカン航空、デルタ航空、サウスウエスト航空、スピリット航空など。

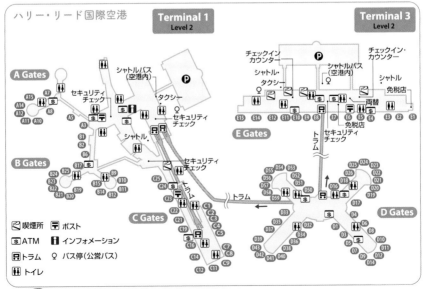

プチ情報　空港内にはスマホや携帯、タブレット型端末の急速充電機が随所に設置されている。

カジノの街にふさわしく、空港のいたるところにスロットマシンが置かれている（T3）。空港であっても21歳未満は利用できない

シャトルなどの乗り場は Ground Transportation の標示に従い進む（T3）

ハリー・リード国際空港はラスベガスの空の玄関口（T3）

©Las Vegas News Bureau

○ターミナル3

一部の国内線と国際線が発着し、ゲートはEゲートのみ。大韓航空など、他国からの直行便を利用した場合はこのターミナルに到着する。レベル2がチェックインカウンターと搭乗ゲートがある出発ロビー、レベル0がバゲージクレームのある到着ロビーとなっている。

ショップ 免税店はレベル2のE1ゲート前、E6とE7ゲートの間の前の2カ所にある。

飲食店 T1同様カジュアルな店が多い。

両替所/ATM 両替所は、トラベレックスがレベル0のバゲージクレーム近くと、レベル2のE7ゲート前にある。ATMは随所に設置されている。

ネット環境 パブリック・エリア内であれば、無料でWiFiインターネット接続ができる。

レンタカーデスク ダラー、エイビス、ハーツなど12社が集まるレンタカーセンターへ行く無料シャトル乗り場は、レベル0の西側出口51〜54と東側出口55〜58を出たところにある。シャトルは5分間隔で運行。

T3を発着する主要航空会社

国際線：アエロメヒコ航空、エア・カナダ、ブリティッシュ・エアウェイズ、大韓航空、ジェットラインズ、ヴァージン・アトランティック航空、コパ航空など。

国内線：アラスカ航空、ハワイアン航空、ジェットブルー航空、ユナイテッド航空、フロンティア航空など。

●ラスベガス中心部への交通手段

交通機関	特徴	運行時間／所要時間	料金（片道）	公式Webサイト
シャトル	人数が集まれば出発する乗り合いバン。レベル1到着ロビーの荷物受取りエリア西側出口7〜13を出るが乗り場がある（T1）。数社が運行している。	24時間運行 ストリップへ15〜30分、ダウンタウンへ20〜30分程度	ストリップへ片道$16.25〜、ダウンタウンへ片道$16.25〜	スーパー・シャトル Super Shuttle [URL]www.shuttlelasvegas.com/
タクシー	一番早くて便利な移動手段。レベル1到着ロビーの荷物受取りエリア東側出口1〜4を出ると、タクシー乗り場だ（T1）。数カ所あり係員が誘導してくれる。	24時間運行 ストリップへ5〜15分、ダウンタウンへ15〜25分程度	初乗り$3.50＋空港通行料$2。ストリップへ片道$20〜28、ダウンタウンへ片道$40程度（チップの目安は料金の15%程度）	イエロー・チェッカー・スター Yellow Checker Star [URL]www.ycstrans.com
市バス	RTCの市バス108・109番、急行のCXが空港に乗り入れ。ダウンタウンまでは乗り換えなしで行ける。荷物が多い場合は不向き。	24時間運行 ダウンタウンへ30〜60分	1回$4	RTC [URL]www.rtcsnv.com/

※所要時間は目安。道路の混雑状況により異なる。ツアー参加者はツアーバスが送迎してくれることが多い。
各宿泊ホテルをまわり、順番にツアー客を降ろしていく。詳細は事前に確認を。

シャトル

タクシー

市バス

プチ情報 DゲートとT3にはマッサージやリフレクソロジー、フェイシャル・トリートメントの受けられるスパがある。
時間があれば、フライト前のリラックス・タイムも悪くない。

旅のキホン

通貨や気候、通信環境などの現地事情は事前にインプット。
また、マナーや習慣など日本と異なることも多い。

● お金のこと

● 通貨単位と貨幣

アメリカの通貨単位はドル（$）。レートは変動相場制で、$1は100セント（¢）になる。また紙幣、貨幣ともに6種類あり、紙幣は偽造対策で順にデザインを変更している。現金は必要最低限の額を持参しよう。

 $1
 $5
 $10
 $20
 $50
 $100

$1 ≒ 146円 （2023年9月現在）

どの紙幣もサイズが同じなので、使用するときは要注意。硬貨は1、5、10、25¢で、それぞれペニー、ニッケル、ダイム、クォーターとよばれる。50¢と$1の硬貨もある。チップとしてよく使う$1紙幣は常に用意しておいたほうが便利。現金のほかにはクレジットカードや国際キャッシュカード、トラベルプリペイドカードなどがあるので、自分のスタイルに合ったカードを選ぼう。

 1¢ ペニー
 5¢ ニッケル
10¢ ダイム
 25¢ クォーター

● 両替

ラスベガスでは、ホテルでの両替が一般的。カジノのキャッシャーでは24時間いつでも両替ができる。ただし、いわゆる「両替所」ではないので、ドルから円の両替や21歳未満の利用はできない。

空港	銀行	街なかの両替所	ATM	ホテルのカジノ
当座の現金を	口座がないと両替不可	ラスベガスでは少ない	24時間使える	安全＆便利
両替所はターミナル1とターミナル3に計3カ所ある。一般にレートはよくないので、必要最低限の額だけ両替しておこう。	銀行では口座を持っていないと両替はできない。また営業時間が短く、土・日曜、祝日は休みのことが多い。	手軽に両替できるイメージだがラスベガスでは意外に少なく、ファッション・ショー（→P56）などにある。店によりレートは異なる。	Visaなどのクレジットカード、デビットカード、トラベルプリペイドカードの利用が可能。コンビニやデパートなどにもある。	カジノのキャッシャーで両替できる。カジノのレートは示されておらず、ホテルによって異なる。

ATM利用のススメ

両替の代わりにおすすめなのがATM利用。クレジットカードやVisaデビットカード、トラベルプリペイドカード、国際キャッシュカードが使えて、つど必要な分だけ現地通貨を引き出せる。24時間利用できるものも多い。クレジットカードはキャッシングで、デビットカードは自分の口座からドルを直接引き出すことができ便利。

ATMお役立ち英単語集

暗証番号…PIN NUMBER
確認…ENTER／OK／YES
取消…CANCEL
取引…TRANSACTION
現金引出…WITHDRAWAL
金額…AMOUNT
クレジットカード…CREDIT CARD／cash in advance
預金（国際デビット、トラベルプリペイドの場合）
　　…SAVINGS

プチ情報　Visaデビットは買い物でも海外ATM利用でもその場で銀行口座から引き落とされる。トラベルプリペイドは事前に日本でお金をチャージして、そのチャージ額の範囲内で利用できる。

◯ シーズンチェック

祝祭日やイースターの期間はレストランやショップが休業になることも。旅行日程を決める前にチェックしておこう。

● 主な祝祭日

1月1日	元日
1月15日※	キング牧師記念日（1月第3月曜）
2月19日※	プレジデント・デー（2月第3月曜）
5月27日※	メモリアル・デー（5月最終月曜）
6月19日	ジューンティーンス
7月4日	独立記念日
9月2日※	レイバー・デー（9月第1月曜）
10月9日※	コロンブス・デー（10月第2月曜）
10月25日※	ネバダ・デー（10月最終金曜、ネバダ州のみ）
11月10日	退役軍人の日（土曜のため振替）
11月23日※	感謝祭（11月第4木曜）
11月24日	ファミリー・デー（感謝祭翌日、ネバダ州のみ）
12月25日	クリスマス

● 主なイベント

2月14日	バレンタイン・デー
3月2〜4日	NASCARレースウィークエンド
3月29日※	聖金曜日（イースター前の金曜）
3月31日※	イースター・サンデー（春分過ぎ最初の満月後の日曜）
7月4日	独立記念日の花火
10月31日	ハロウィン
11月中旬※	ロックンロール・ラスベガス・マラソン 2024年は2月24〜25日
12月23日※	ラスベガス・ボール（アメリカン・フットボール）
12月31日	アメリカズ・パーティー（ダウンタウンとストリップで花火が上がる）

※印の祝祭日やイベントの日程は年によって変わります。
記載は2023年10月〜2024年9月の予定です

● 気候とアドバイス

春 3〜4月	3月の日中は晴れると20℃を超える日もあるが、朝晩は冷え込むので薄手のジャケットなど上に羽織るものがあるとよい。4月は日中なら薄手の長袖でも快適に過ごせる。	夏 5〜9月	日中の最高気温が40℃前後になることもあり、帽子やサングラスなどは必携。ただしホテル内は冷房が効いており、羽織れるものを用意しておくと重宝する。
秋 10〜11月	一年で最も過ごしやすい時期。10月も暑い日が多く、日中は夏服でも大丈夫。11月に入ると朝晩冷え込むようになるので、薄手のジャケットやコートが必要になることもある。	冬 12〜2月	冬でも日中は暖かい日もあるが、朝晩の冷え込みは厳しく、気温が0℃以下になることもある。日本の冬と同じく、厚手のコートやジャケットなどの防寒対策は必要になる。
スポーツ 観戦 シーズン	野球（MLB） 3月下旬〜10月上旬 アメリカン・フットボール（NFL） 9〜1月 バスケットボール（NBA） 10〜4月 アイスホッケー（NHL） 10〜4月		

● 気温と降水量

※東京とラスベガスの気温と降水量は
1991〜2020年の平均値
出典：理科年表 2022

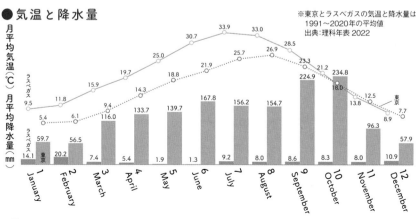

月平均気温（℃）　月平均降水量（mm）

ラスベガス（気温）: 9.5 / 11.8 / 15.9 / 19.7 / 25.0 / 30.7 / 33.9 / 33.0 / 28.5 / 21.2 / 13.8 / 8.9

東京（気温）: 5.4 / 6.1 / 9.4 / 14.3 / 18.8 / 21.9 / 25.7 / 26.9 / 23.3 / 18.0 / 12.5 / 7.7

ラスベガス（降水量）: 14.1 / 20.2 / 7.4 / 5.4 / 1.9 / 1.3 / 9.2 / 8.0 / 8.6 / 8.3 / 8.0 / 10.9

東京（降水量）: 59.7 / 56.5 / 116.0 / 133.7 / 139.7 / 167.8 / 156.2 / 154.7 / 224.9 / 234.8 / 96.3 / 57.9

1 January / 2 February / 3 March / 4 April / 5 May / 6 June / 7 July / 8 August / 9 September / 10 October / 11 November / 12 December

> プチ情報　ラスベガスは1年のうち300日近くは晴れるなど、気候は安定しているが、その分乾燥している。日差しも強く紫外線も強いので、日焼け止めやボディローションなどを持参しよう。

旅のキホン

⭕ 電話のかけ方

●自分の携帯からかける場合…機種や契約によってかけ方や料金体系はさまざま。日本出国前に確認しておこう。

●ホテルの客室からかける場合…ホテルによって異なるが最初に外線番号を押し、その後に相手の番号をダイヤルするのが一般的。手数料を取られることがほとんど。

●公衆電話からかける場合…硬貨専用のタイプと、硬貨とクレジットカードの双方が利用できるタイプがある。どちらも対応硬貨は5¢、10¢、25¢。料金が不足すると音声で指示される。

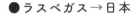

● ラスベガス → 日本

011（アメリカの国際電話識別番号） ― **81**（日本の国番号） ― **相手の電話番号**（市外局番の最初の0はとる）

● 日本 → ラスベガス　マイラインやマイラインプラスに登録している場合は電話会社の識別番号不要。

電話会社の識別番号（※1） ― **010 ― 1**（アメリカの国番号） ― **相手先の市外局番** ― **相手の電話番号**

※1　マイラインやマイラインプラスに登録している固定電話機の場合は不要。登録していない場合は、KDDI…001、ソフトバンク…0061、NTTコミュニケーションズ…0033などをはじめにプッシュする。2024年1月からマイライン、マイラインプラスは順次終了。

● ラスベガス市内通話

ラスベガスの市外局番(702)や(725)なども必要。市外局番を含めた10桁の番号をダイヤルする。市内通話は50¢～。

⭕ インターネット事情

● 街なかで

ストリップ付近のマクドナルド(P115B1)やスターバックス(ファッション・ショー内→P56)など無料WiFiサービスを提供しているところは多い。スマートフォンやタブレットPCなどを持参していれば、気軽に接続できる。

● 宿泊先で

国際的な会議や展示会など、ビジネス客も多いラスベガスでは、主要ホテルのほとんどがWiFiを導入している。料金は、宿泊料のほかに支払うリゾートフィー$20～30のなかに含まれていることが多い。

⭕ 郵便・宅配便の送り方

● 郵便

はがきや封書、切手は郵便局のほか、ホテルやドラッグストアなどで購入できるが、買う場所によって多少値段が異なる。宛先は「JAPAN」「AIR MAIL」のみローマ字で記入すれば、ほかは日本語で問題ない。ポストは青色で、「USMAIL」と表示されているのでわかりやすい。そのほか郵便局が近くにない場合は、ホテルのフロントに頼めば投函してくれるが、別途手数料が必要。エアメールは4～7日で届く。

アメリカ合衆国郵便公社
United States Postal Service
Ⓤ www.usps.com（英語）

● 宅配便

通常の航空便より早く、荷物が紛失した場合に運送会社が保証してくれるのがメリット。オフィスに電話をすれば、スタッフがホテルまで荷物を受け取りに来てくれる。通常日本まで7～10日で届く。$4～20程度のピックアップ料が別途必要。

ラスベガスから日本へ送る場合の目安

内　容	期　間	料　金
はがき	4～7日	$1.50
封書（28gまで）	4～7日	$1.50
定額小包※（1.8kgまで）	7～10日	$46.50
定額小包※（9kgまで） 約30×30.5×14cm以内	7～10日	$121.30

※定額はプライオリティ、メール・フラットレールボックスのみ

国際宅配便会社

DHL
☎ (800)225-5345　🕐8時30分～17時※電話受付
㊡土・日曜

FedEx
☎ (800)463-3339　🕐24時間　㊡なし

⭕ そのほか　基本情報

● 水道水は飲める？

水道水は飲用できるが、石灰質が多いのでミネラルウォーターを買うとよい。スーパーやコンビニなど、どこでも販売しているので、旅行中は常備を。

● プラグと変圧器が必要

アメリカの電圧は通常120V（60Hz）。日本は100V（50または60Hz）なので、日本の電化製品もそのまま使用できる。ただし、長時間使用すると故障しかねないので旅行用変圧器を持参したほうが無難。プラグは2本式が主流。

Aタイプ

● ビジネスアワーはこちら

一般的な営業時間。店舗によって異なる。

ラスベガス
オフィス　　🕐9〜17時　㊡土・日曜、祝日
銀行　　　　🕐10〜16時　㊡土・日曜、祝日
ショップ　　🕐10〜20時（店によって異なる。ホテル内のショップはたいてい深夜まで営業）
レストラン　🕐ランチ11時〜14時30分、ディナー17〜22時（店によって異なる）

セドナ
ショップ　　ショップの多くは夏時間と冬時間を設けており、冬は営業時間が短い。
レストラン　閉店時間を設定していない店が多いので、現地で確認しよう。閉店時間はラスベガスに比べると早い。

● セールスタックス

買い物や食事の際、代金にはセールスタックスがかかる。税率は州や市によって異なり、2023年7月現在のラスベガスのセールスタックスは8.38%。

● サイズ

○ レディスファッション

日本	衣料	7	9	11	13	15
アメリカ	衣料	4	6	8	10	12
日本	靴	22	23	24	25	-
アメリカ	靴	5	6	7	8	-

○ メンズファッション

日本	衣料	36	38	40	42	43
アメリカ	衣料	14	15	16	16 1/2	17
日本	靴	25	26	27	28	-
アメリカ	靴	7	8	9	10	-

※上記サイズはあくまでも目安。メーカーによっても差があるので購入の際には試着等で確認を。

● 度量衡

○ 長さ

1インチ（in.）	約2.5cm
1フィート（f.）	約30.5cm
1ヤード（yd.）	約90cm
1マイル（mi.）	約1.6km

○ 重さ

1オンス（oz.）	約28g
1ポンド（lb.）	約454g

● トイレに行きたくなったら

基本的に公衆トイレがないので、ホテルやショッピングセンターのトイレを利用する。ただし、トイレまでの通路が奥まったところにあったり、死角になっているところはできるだけ避け、人が多い場所を選ぼう。

⭕ アメリカの物価

ミネラルウォーター（500㎖）
$2〜3

マクドナルドのハンバーガー
$3程度

スターバックス・コーヒーのコーヒー
$3前後

生ビール（ジョッキ1杯）
$6〜

タクシー初乗り
$3.50〜

プチ情報　カジノは一部の高額レートのエリアを除き、ドレスコードはない。ジーンズにTシャツというカジュアルな服装でもOKだ。

● シチュエーション別 基本情報

［ショッピング］

● ショッピングスポットがたくさん

ラスベガスの多くのホテルにショッピングモールが併設されているので、気軽に買い物を楽しむことができる。郊外にはアウトレットもあり、リーズナブルにブランド品などもゲットできる。

［ホテル］

● ホテルの系列

ラスベガスのホテルには2大グループがある。同じ系列のホテルで、共通のカジノのメンバーズカードが使えるなどのサービスを提供している。
シーザーズ・エンターテインメント系
シーザーズ・パレス、ハラーズ、ホースシュー、クロムウェル、フラミンゴ・ラスベガス、パリス、プラネット・ハリウッド・リゾート&カジノ、リオ・オールスイート、リンク・ホテル&カジノ、ノブホテル
MGMリゾート・インターナショナル系
ベラッジオ、アリア・リゾート&カジノ、ヴィダラ・ホテル&スパ、MGMグランド、マンダレイ・ベイ、デラーノ・ラスベガス、ミラージュ、パークMGM、ニューヨーク・ニューヨーク、ルクソール、エクスカリバー、コスモポリタン

● バレーパーキング

ホテルの駐車場は24時間利用可能だが、ストリップでは有料のところが多い。大型ホテルは駐車場も広く、空いているスペースを探すのもひと苦労。時間を有効に使いたいときは、バレーパーキングを利用しよう。ホテルの「Valet」の標識に従って進み、車寄せに車を停めて係員からチケットを受け取る。車を出すときは、「Valet Pick up」のブースへ行き、チケットを渡せばOK。料金はホテルにより異なり、セルフより割高。車を出してくれた係員に$1〜2のチップも必要。

［ショー］

● 当日券を安くゲット

ショーのチケットは早めの予約が鉄則だが、ティックス・フォー・トゥナイト（→P40）では当日や翌日のチケットを20〜40%オフで買うことができる。毎朝10時前後にその日の料金が発表され、人気のショーの場合2〜3時間で完売。サーカス・サーカス（→P32）ほか、市内に4店舗。

● ルール&マナー

● たばこ事情

カジノの街ラスベガスは、アメリカの他都市に比べると比較的喫煙に寛容だったが、現在はレストランやロビー、劇場など公共の場では全面禁煙となっている。カジノと、食事を提供しないバーは除外されているが、カジノフロアにも禁煙セクションがある。またパークMGM（→P30）など全館禁煙のホテルも増えている。

● 飲酒のルール

21歳未満の飲酒は禁止されている。取り締まりは厳しく、酒類を購入するときには身分証明書（ID）の提示を求められるので、パスポートを携帯しておこう。ビールやワインはドラッグストアやコンビニなどで購入できるが、そのほかのアルコール類はスーパーやライセンスのある酒店でしか購入できない。また、ストリップではガラス容器でなければアルコールを飲みながら路上を歩くことは違法ではない。

● 子ども連れは避けたい場所

大人の遊び場であるショーや高級レストランへは、幼い子どもを連れて行くのは避けるか、連れて行くとしても細心の注意を払いたい。入店を断っている店もあるので、あらかじめ確認をしたほうがよい。またカジノも未成年を連れての利用は違法、ナイトクラブなど21歳以上限定の店も多い。

● チップ

気持ちのよいサービスに対してチップを渡すのがアメリカのマナー。チップを渡さないと、サービスに不備があったのかと誤解されることもあるほど。カジノのドリンクはウェイトレスに現金で$2〜3渡すよう常に$1札など少額紙幣を用意しておこう。レストランでのチップの目安は食事代の15〜20%。ベルボーイには荷物1個につき$2〜3、ハウスキーピングには1ベッドにつき$1〜2程度。

● カジノのキャッシャー

日本円からドルへの両替をしてくれるカジノのキャッシャー。これはカジノでゲームを楽しむ人へのサービスのため行われているもの。したがって、カジノに立ち入れない21歳未満は両替はできないし、カジノで使えない日本円への両替も行っていない。

プチ情報　マジックショーは子ども連れで楽しめる数少ないショーの一つ。英語力がなくても見ているだけで楽しめるのもおすすめポイント。

○ トラブル対処法

大規模なホテルが立ち並ぶラスベガスは、ストリップなどの表通りは比較的治安がよいが、観光客を狙った置き引きやひったくりがないわけではない。特にカジノでゲームに夢中になっているときに、足元やゲーム機の脇に置いたバッグなどを盗まれる被害が多く発生している。

● 病気になったら

病気がひどくなってしまったら、迷わず病院へ行こう。ホテルのフロントに連絡すれば、医師を手配してくれるし、症状がひどい場合は救急車も呼んでくれる。また、海外旅行傷害保険に加入している場合は、現地の日本語の緊急アシスタンス・サービスに連絡するとよい。契約内容にもよるが、通訳や医療施設の紹介、医療施設への移送などをしてくれる。また、胃腸薬や風邪薬など飲みなれた薬は持参しておくと安心だ。

● 盗難・紛失の場合

○パスポート
まず現地の警察に届け、ポリスレポート(盗難証明書)または紛失証明書を発行してもらう。ホテル内で盗難、紛失に遭った場合は、ホテルからも証明書を発行してもらう。それから日本国総領事館へ出向いて、紛失旅券の失効手続きを行い、新規発給もしくは帰国のための渡航書を申請する。ラスベガスおよびネバダ州には日本領事館またはそれに相当する公的機関はない。したがって、他都市の領事館に連絡をすることになる。ネバダ州は在サンフランシスコ日本国領事館が管轄している。
○クレジットカード
カードの不正使用を避けるため、まずカード会社へ連絡し、カードを無効にする。不正使用された場合の証明のため、現地の警察に届け、盗難(紛失)届受理証明書を発行してもらう。その後はカード会社の指示に従って対処する。
○荷物
手元に戻ることはほとんどないが、警察に届け出て、盗難(紛失)証明書を発行してもらう。海外旅行傷害保険に加入していて、携行品特約を受けていれば帰国後手続きを行う。保険の請求には盗難(紛失)証明書が必要となる。

行く前にチェック!

外務省海外安全ホームページで、渡航先の治安状況、日本人被害の事例を確認することができる。
URL www.anzen.mofa.go.jp

旅の便利帳

[ラスベガス]

● 在サンフランシスコ日本国総領事館
🏢 275 Battery St., Suite 2100, San Francisco
☎ (415) 780-6000　※訪問の際は事前に予約サイトからの予約が必要
🕐 10時〜11時30分、13〜16時
㊡ 土・日曜、祝祭日、休館日

● 在ロサンゼルス日本国総領事館
🏢 350 South Grand Ave.,Suite 1700, Los Angeles
☎ (213) 617-6700　※訪問の際は事前に電話で予約が必要
🕐 9時30分〜12時、13時〜16時30分
㊡ 土・日曜、祝祭日、休館日

● 警察・消防車・救急車 ☎ 911

● カード会社緊急連絡先
○ JCBカード
☎ (800) 606-8871
○ マスターカード
☎ (800) 307-7309
○ Visa グローバル・カスタマー・アシスタンス・サービス
☎ (866) 670-0955
○ アメリカン・エキスプレス
☎ (800) 766-0106

[日本]

● 在日米国大使館と領事館
🏢 東京都港区赤坂1-10-5
☎ 050-5533-2737
(ビザ申請サービス・コールセンター)
🕐 10〜18時 ㊡ 土・日曜、日本・米国の休日
URL jp.usembassy.gov/ja/

● 主要空港
○ NAA成田国際空港
インフォメーション
URL www.narita-airport.jp/

○ 羽田空港総合案内
URL www.haneda-airport.jp/

○ 関西国際空港案内
URL www.kansai-airport.or.jp/

○ セントレアテレフォンセンター
(中部国際空港)
URL www.centrair.jp/

プチ情報　アメリカの医療費は日本と比べると、驚くほど高額。旅行中はいつ何が起こるかわからないので、海外旅行傷害保険には加入しておきたい。

ラスベガス

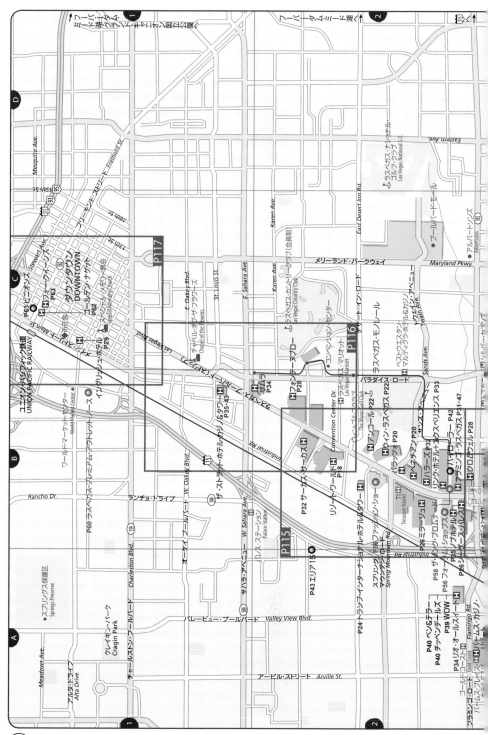

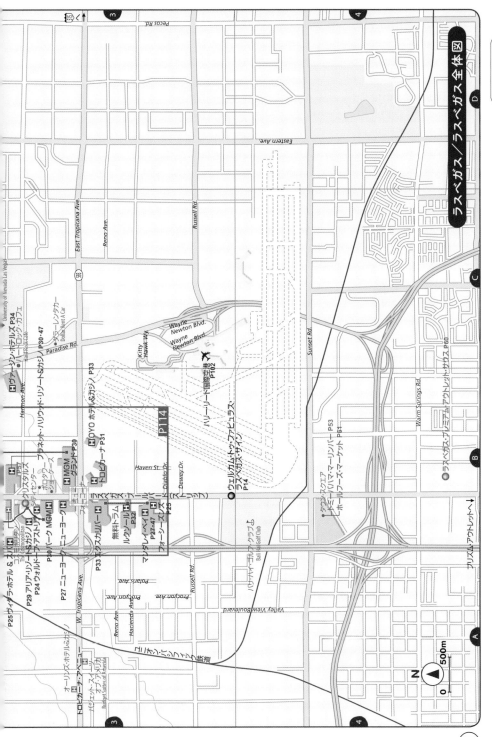

ラスベガス／ラスベガス全体図

Pecos Rd.

Eastern Ave.

Russell Rd.

University of Nevada Las Vegas

Bali Rock Cafe

Hシーザーズ・ホテルズ P34
－ハードロック・カフェ

ダラー・レンタカー
Dollar Rent A Car

HIウェスティン・ホテルズ P30・47

Wayne
Newton Blvd.

Wayne
Newton Blvd.

Kitty
Hawk Wy.

Paradise Rd.

Sunset Rd.

Warm Springs Rd.

Harmon Ave.

マッカラン国際空港
P102

HIOYO ホテル＆カジノ P33

ウェルカム・トゥ・ラスベガス
ラスベガス・サイン P14

Haven St.

P114

Dewey Dr.

Diablo Dr.

無料トラム

HI MGM
グランド P30

ルクソール
P23

Tropicana Ave.

HトロピカーナP31

HIニューヨーク・ニューヨーク H
HラスベガスP32
フォーシーズンズ P23

タウンスクエア
ミニーバ・マーリンバー P53
ボールワーズ・マーケット P61

ラスベガス・プレミアム・アウトレット・サウス P60

Haven St.

P57

HIラスベガス
エクスカリバー

HIパークMGM
P40

Polaris Ave.

Procyon Ave.

Reno Ave.

Hacienda Ave.

W. Tropicana Ave.

P29 アリアリゾート＆カジノ
The Cosmopolitan

P25 ベラージオ・ホテル＆カジノ

P27 ニューヨーク・ニューヨーク

P24 ウォルドーフ・アストリア

オーリンズ・アベニュー
Budget Suites of America

Bali Hai Golf Club

Valley View Boulevard

N
0 500m

ラスベガス・アウトレット→

113

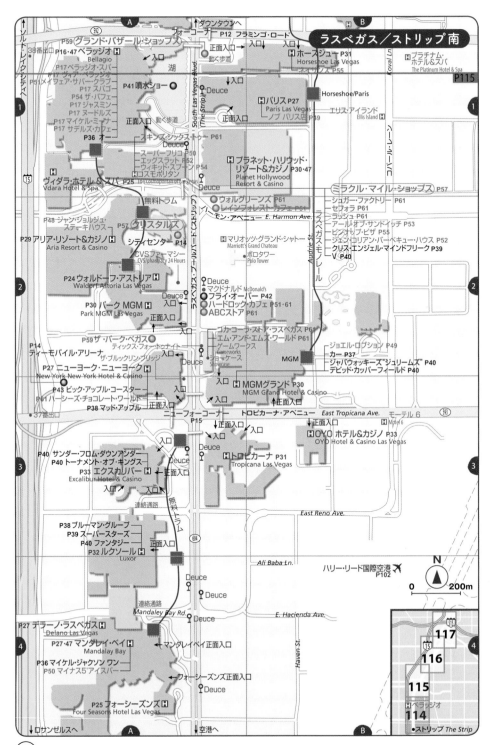

P115

P59 グランド・バザール・ショップス

P16・47 ベラッジオ
Bellagio
P17 ベラッジオ・スパ

ダウンタウンへ
フォーコーナー　P12 フラミンゴ・ロード

H ホースシュー P31
Horseshoe Las Vegas
ネイルノブ P55

H プラチナム・ホテル&スパ
The Platinum Hotel & Spa

38番出口

入口

湖

South Las Vegas Blvd. (The Strip)

動く歩道

Deuce

Horseshoe/Paris

P51 メイフェア・サパー・クラブ
P17 ヴィア・ベラッジオ
P17 スパゴ
P54 ザ・ビュッフェ
P17 ジャスミン
P17 ヌードルズ
P17 マイケル・ミーナ
P17 サデルズ・カフェ

P41 噴水ショー

正面入口

H パリス P27
Paris Las Vegas
ノブ パリス店 P49

エリス・アイランド
Ellis Island H

正面入口

正面入口

動く歩道

Deuce

スキンズ・シックス・ツアー P61

P36 オー

ヴィダラ・ホテル & スパ
Vdara Hotel & Spa

スーパーフリコ P50
エックスクラット P52
ウィキッド・スプーン P54
コスモポリタン
The Cosmopolitan P25

H プラネット・ハリウッド・リゾート&カジノ
Planet Hollywood
Resort & Casino P30・47

ミラクル・マイル・ショップス P57

P48 ジャン・ジョルジュ
ステーキ・ハウス P57

クリスタルズ

ウォルグリーンズ P61
レインフォレスト・カフェ P61

H モン・アベニュー E. Harmon Ave.

無料トラム

シュガー・ファクトリー P61
セフォラ P61
ラッシュ P61
アール・オブ・サンドイッチ P53
ピザ・オブ・ピザ P55
ジェンコリアン・バーベキュー・ハウス P52
クリス・エンジェル・マインドフリーク P39
V P40

P29 アリア・リゾート&カジノ
Aria Resort & Casino

シティセンター P14

CVSファーマシー
CVS/pharmacy 24 Hours

H マリオッツ・グランド・シャトー
Marriott's Grand Chateau

ポロタワー
Polo Tower

ラスベガス・モノレール

P24 ウォルドーフ・アストリア
Waldorf Astoria Las Vegas

Deuce
マクドナルド McDonald's
フライ・オーバー P42
ハードロック・カフェ P51・61
ABCストア P61

P30 パーク MGM
Park MGM Las Vegas

Deuce
入口

正面入口

入口

P59 ザ・パーク・ベガス

ティックス・フォー・トゥナイト
ザ・ブルックリン・ブリッジ

ジョエル・ロブション P49

カー P37
ジャバウォッキーズ "ジュリームズ" P40
デビッド・カッパーフィールド P40

P14
ティーモバイル・アリーナ
T-Mobile Arena

Deuce

ゲームワークス
GameWorks

コカ・コーラ・ストア・ラスベガス P61
エム・アンド・エムズ・ワールド P61

MGM

P27 ニューヨーク・ニューヨーク
New York New York Hotel & Casino

H MGMグランド P30
MGM Grand Hotel & Casino

P43 ビッグ・アップル・コースター
P61 ハーシーズ・チョコレート・ワールド
P38 マッド・アップル

入口

正面入口

入口

37番出口

ニューフォーコーナー トロピカーナ・アベニュー East Tropicana Ave.
P15

モーテル6
Motel 6

正面入口

入口

Deuce

入口

正面入口

H OYO ホテル&カジノ P33
OYO Hotel & Casino Las Vegas

P40 サンダー・フロム・ダウンアンダー
P40 トーナメント・オブ・キングス
P33 エクスカリバー
Excalibur Hotel & Casino

H トロピカーナ P31
Tropicana Las Vegas

入口

Deuce

正面入口

入口

連絡通路

East Reno Ave.

無料トラム

P38 ブルーマン・グループ
P39 スーパースターズ
P40 ファンタジー
P32 ルクソール H
Luxor

正面入口

ハリー・リード国際空港
P102

N

0   200m

Ali Baba Ln.

連絡通路

Deuce

Deuce

Mandaley Bay Rd.

Deuce

E. Hacienda Ave.

P27 デラーノ・ラスベガス H
Delano Las Vegas

P27・47 マンダレイ・ベイ H
Mandalay Bay

マンダレイベイ正面入口

P36 マイケル・ジャクソン ワン
P50 マイナス5°アイスバー

フォーシーズンズ正面入口

Deuce

P25 フォーシーズンズ H
Four Seasons Hotel Las Vegas

Haven St.

ロサンゼルスへ

空港へ

117

116

115

H ベラッジオ
114

ストリップ The Strip

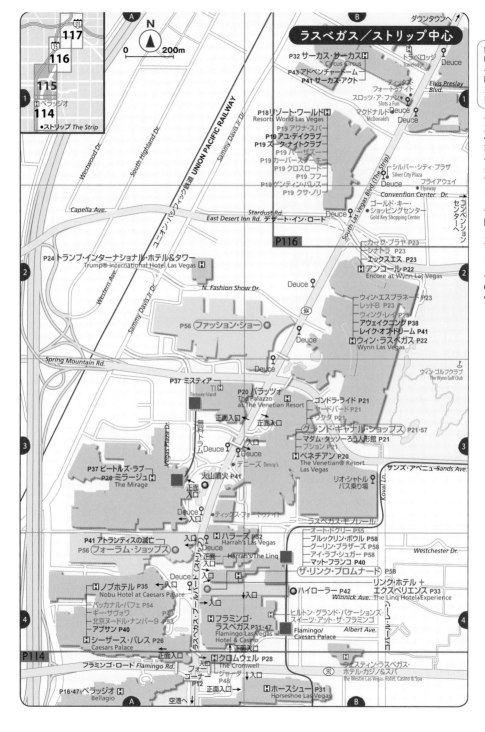

A　N　0　200m

B　ダウンタウンへ

ラスベガス／ストリップ中心

トラベロッジ
Travelodge
Deuce

P32 サーカス・サーカス H
Circus Circus
P43 アドベンチャードーム
P41 サーカス・アクト

ティッスス・
フォートゥナイト
スロッツ・ア・ファン Deuce
Slots a Fun
マクドナルド
McDonald's Deuce

Elvis Presley Blvd

P18 リゾート・ワールド H
Resorts World Las Vegas
P19 アワナ・スパー
P19 アユ・デイクラブ
P19 ズーク・ナイトクラブ
P19 バー・ザザー
P19 カーバーズ・キー
P19 クロスロード
P19 フフ
P19 ゲンティン・パレス
P19 クサ・ノリ

シルバー・シティ・プラザ
Silver City Plaza
Deuce
フライアウェイ
Flyaway
Convention Center Dr.

コンベンション
センターへ

Stardust Rd.
East Desert Inn Rd. デザート・イン・ロード
Deuce
ゴールド・キー・
ショッピングセンター
Gold Key Shopping Center

P116

P24 トランプ・インターナショナル・ホテル&タワー H
Trump® International Hotel Las Vegas

カーサ・プラヤ P23
シナトラ P23
エックスエス P23
アンコール P22 H
Encore at Wynn Las Vegas

N. Fashion Show Dr.
Deuce
ウィン・エスプラネード P23
レッド8 P23
ウィング・レイ P23
アウェイクゥング P38
レイク・オブドリーム P41
ウィン・ラスベガス P22 H
Wynn Las Vegas

P56 ファッション・ショー
Spring Mountain Rd.
Deuce

ウィン・ゴルフクラブ
The Wynn Golf Club

P37 ミスティア
T1
Treasure Island

P20 パラッツォ
The Palazzo
at The Venetian Resort

正面入口　正面入口
無料トラム
入口
Deuce
Deuce

ゴンドラ・ライド P21
ヌードバード P21
レヴタダ P21
グランド・キャナル・ショップス P21・57
マダム・タッソーろう人形館 P21
ブション P21
ベネチアン P20
The Venetian® Resort
Las Vegas

サンズ・アベニューSands Ave.

P37 ビートルズ・ラブ
P26 ミラージュ
The Mirage

火山噴火 P41
正面入口
デニーズ Denny's
Deuce 入口

リオ・シャトル
バス乗り場

ラスベガス・モノレール

ティックス・フォートゥナイト

P41 アトランティスの滅亡
P56 フォーラム・ショップス
入口
Deuce
H ハラーズ P32
Harrah's Las Vegas
正面入口
Harrah's/The Linq

オート・ドクリー
ブルックリン・ボウル P58
グーリン・ブラザーズ P58
アイ・ラブ・シュガー P58
マット・フランコ P40

Westchester Dr.

ザ・リンク・プロムナード P58

H ノブホテル P35
Nobu Hotel at Caesars Palace

入口
正面入口
Deuce
入口

ハイローラー P42

リンク・ホテル＋
エクスペリエンス P33
The Linq Hotel+Experience

バッカナル・バフェ P54
ギー・サヴォワ
北京ヌードル・ナンバー9 P53
アプサン P40
H シーザース・パレス P26
Caesars Palace

入口
Deuce
入口

H フラミンゴ・
ラスベガス P31・47
Flamingo Las Vegas
Hotel & Casino

正面入口
入口

ヒルトン・グランド・バケーションズ・
スイーツ・アット・ザ・フラミンゴ

Albert Ave.

Flamingo/
Caesars Palace

Winnick Ave.

P114
フラミンゴ・ロード Flamingo Rd.
入口
フォー
コーナー
ジャダー P48

H クロムウェル P28
The Cromwell
入口

ウェスティン・ラスベガス・
ホテル・カジノ&スパ
The Westin Las Vegas Hotel, Casino & Spa

P16・47 ベラッジオ H
Bellagio

空港へ
正面入口

H ホースシュー P31
Horseshoe Las Vegas

117　116　115　114
ベラッジオ
ストリップ The Strip

Capella Ave.
Westwood Dr.
South Highland Dr.
Sammy Davis Jr. Dr.
UNION PACIFIC RAILWAY
ユニオン・パシフィック鉄道
Western Ave.
Vegas Plaza Dr.
Royal Ln.
Sands Ave.

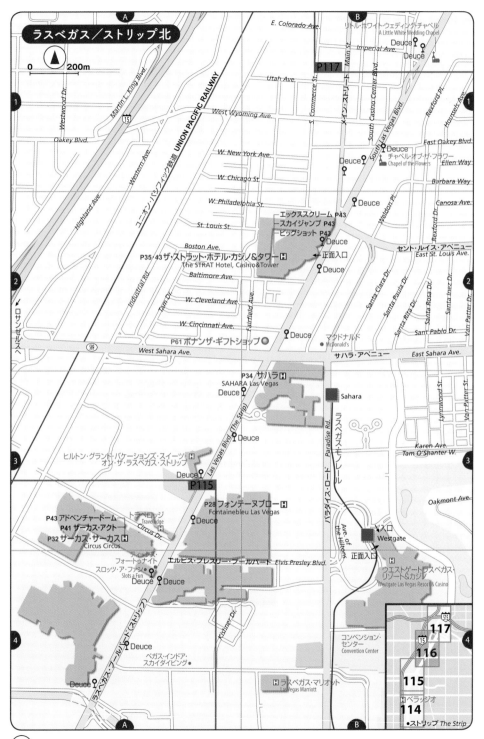

0　　200m

E. Colorado Ave.

リトル・ホワイト・ウェディング・チャペル
A Little White Wedding Chapel

Deuce
Deuce

Imperial Ave.

P117

WESTWOOD Dr.

Westwood Dr.
Oakey Blvd.

Martin L. King Blvd.

UNION PACIFIC RAILWAY
ユニオン・パシフィック鉄道

Utah Ave.

West Wyoming Ave.

Commerce St.

Main St.

South Las Vegas Blvd.

South Casino Center Blvd.

Roxford Pl.

Horsell St.

East Oakey Blvd.

W. New York Ave.

Deuce

チャペル・オブ・ザ・フラワー
Chapel of the Flowers

Ellen Way

W. Chicago St.

Deuce

Barbara Way

Highland Ave.

W. Philadelphia St.

Deuce

Canosa Ave.

St. Louis St.

エックスクリーム P43
スカイジャンプ P43
ビッグショット P43

Deuce

Weldon Pl.

セント・ルイス・アベニュー
East St. Louis Ave.

Boston Ave.

P35・43 ザ・ストラット・ホテル・カジノ&タワー H
The STRAT Hotel, Casino&Tower

← 正面入口

Deuce

Santa Clara Dr.

Santa Rosa Dr.

Santa Paula Dr.

Santa Rita Dr.

Santa Inez Dr.

Van Patter Blvd.

Baltimore Ave.

W. Cleveland Ave.

W. Cincinnati Ave.

Industrial Rd.

Tam Dr.

Fairfield Ave.

P61 ボナンザ・ギフトショップ ◉

Deuce

マクドナルド
McDonald's

Sant Pablo Dr.

West Sahara Ave.

サハラ・アベニュー　East Sahara Ave.

ロサンゼルスへ

P34／サハラ H
SAHARA Las Vegas

Deuce

Sahara

ラスベガス・モノレール

Lynnwood St.

Van Patter St.

Las Vegas Blvd. (The Strip)

Deuce

ヒルトン・グランド・バケーションズ・スイーツ
オン・ザ・ラスベガス・ストリップ H

Paradise Rd.

Karen Ave.
Tam O'Shanter W.

Deuce

P115

P28 フォンテーヌブロー H
Fontainebleu Las Vegas

パラダイス・ロード

Oakmont Ave.

P43 アドベンチャードーム
P41 サーカス・アクト
P32 サーカス・サーカス H
Circus Circus

トラベロッジ
Travelodge
Circus Dr.

Deuce

Ave. of the Hiltons

入口

Westgate

サーカス・
フォートゥナイト
スロッツ・ア・ファン
Slots a Fun

Deuce Deuce

エルビス・プレスリー・ブールバード Elvis Presley Blvd.

Kishner Dr.

正面入口

ウエストゲート・ラスベガス・
リゾート&カジノ H
Westgate Las Vegas Resort & Casino

Deuce

ベガス・インドア・
スカイダイビング ●

コンベンション・
センター
Convention Center

H ラスベガス・マリオット
Las Vegas Marriott

ラスベガス・ブールバード（ストリップ）

Deuce

H ベラッジオ
● ストリップ The Strip

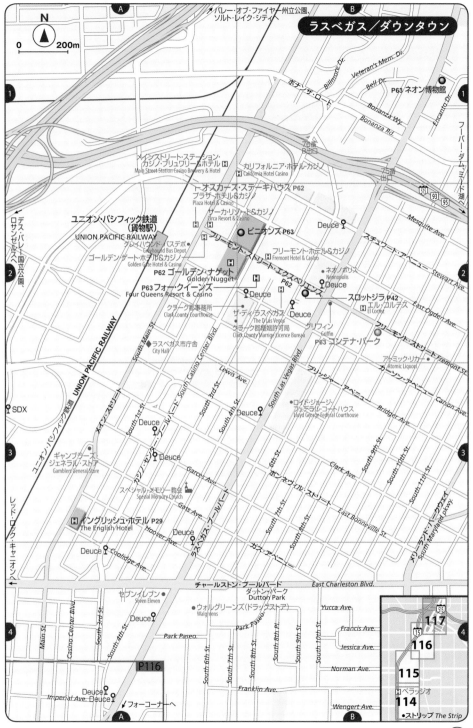

ラスベガス／ダウンタウン

N
0　200m

▲バレー・オブ・ファイヤー州立公園、
ソルト・レイク・シティへ

Billmore Dr.
Veteran's Mem. Dr.
ボナンザ・ロード
Bell Dr.
P63 ネオン博物館
Bonanza Wy.
Encanto Dr.
Bonanza Rd.
フーバー・ダム、ミード湖へ

7番
B出口
メインストリート・ステーション・
カジノ・ブリュワリー&ホテル
Main Street-Station Casino Brewery & Hotel
カリフォルニア・ホテル・カジノ
California Hotel Casino
7番
C出口
95

93
515

トーオスカーズ・ステーキハウス P62
プラザ・ホテル&カジノ
Plaza Hotel & Casino
Mesquite Ave.
スチュワート・アベニュー
Stewart Ave.
デス・バレー国立公園、
ロサンゼルスへ
ユニオン・パシフィック鉄道
（貨物駅）
UNION PACIFIC RAILWAY
サーカ・リゾート&カジノ
Circa Resort & Casino
ビニオンズ P63
Deuce
フリーモント・ストリート・エクスペリエンス
グレイハウンド・バスデポ
Greyhound Bus Depot
ゴールデン・ゲート・ホテル&カジノ
Golden Gate Hotel & Casino
フリーモント・ホテル&カジノ
Fremont Hotel & Casino
P62 ゴールデン・ナゲット
Golden Nugget
ネオノポリス
Neonopolis
Deuce
スロットジラ P42
エル・コルテス
El Cortez
East Ogden Ave.
P63 フォー・クイーンズ
Four Queens Resort & Casino
Deuce
クラーク郡事務所
Clark County Courthouse
ザ・ディ・ラスベガス
The D Las Vegas
Deuce
グリフィン
Griffin
フリーモント・ストリート
Fremont St.
クラーク郡結婚許可局
Clark County Marrige Licence Bureau
P63 コンテナ・パーク
◆ラスベガス市庁舎
City Hall
South Main St.
South Casino Center Blvd.
Lewis Ave.
South Las Vegas Blvd.
アトミック・リカー
Atomic Liquors
カーソン・アベニュー
Carson Ave.
UNION PACIFIC RAILWAY
ユニオン・パシフィック鉄道
SDX
メイン・ストリート
South 1st St.
South 3rd St.
South 4th St.
フリッシャー・アベニュー
ロイド・ジョージ・
フェデラル・コートハウス
Lloyd George Federal Courthouse
Bridger Ave.
Deuce
ギャンブラーズ・
ジェネラル・ストア
Gamblers General Store
Deuce
Clark Ave.
South 9th St.
South 10th St.
South 11th St.
レッド・ロック・キャニオンへ
Garces Ave.
ボンネビル・ストリート
East Bonneville St.
スペシャル・メモリー教会
Special Memory Church
Gass Ave.
South Las Vegas Blvd.
サウス・カジノ・センター・ブールバード
カシノ・センター・ブールバード
イングリッシュ・ホテル P29
The English Hotel
Deuce
Hoover Ave.
ガス・アベニュー
Deuce
Coolidge Ave.
チャールストン・ブールバード
East Charleston Blvd.
セブンイレブン
Seven Eleven
ダットン・パーク
Dutton Park
ウォルグリーンズ（ドラッグストア）
Walgreens
Yucca Ave.
Deuce
Park Paseo
Park Paseo
Francis Ave.
South 8th St.
South 9th St.
South 10th St.
Jessica Ave.
Main St.
Casino Center Blvd.
South 4th St.
South 6th St.
South 7th St.
Norman Ave.
Franklin Ave.
Wengert Ave.

P116
Deuce
Imperial Ave. Deuce
▲フォーコーナーへ

117
116
115
ベラッジオ
114
●ストリップ The Strip

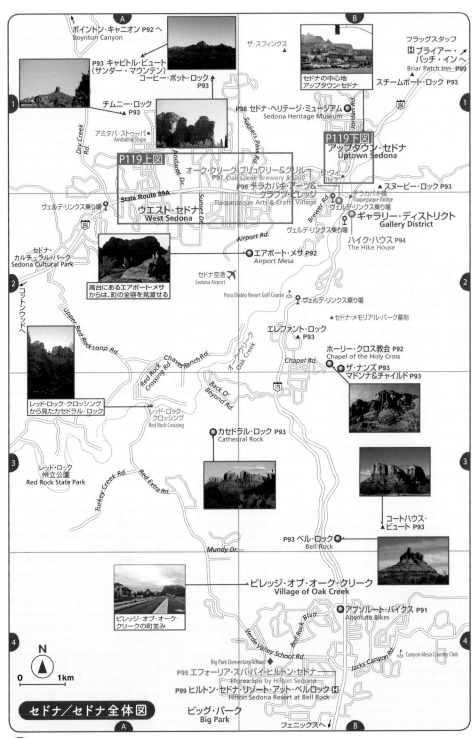

ボイントン・キャニオン P92 へ
Boynton Canyon

ザ・スフィンクス
The Sphinx ▲

フラッグスタッフ
Flagstaff

H ブライアー・
　パッチ・インへ
Briar Patch Inn P99

P93 キャピトル・ビュート
（サンダー・マウンテン）
コーヒー・ポット・ロック
P93

スチームボート・ロック P93

セドナの中心地
アップタウン・セドナ
Uptown Sedona

チムニー・ロック
▲ P93

アミタバ・ストゥーパ
Amitabha Stupa

P98 セドナ・ヘリテージ・ミュージアム
Sedona Heritage Museum

P119下図
アップタウン・セドナ
Uptown Sedona

P119上図
ウエスト・セドナ
West Sedona

オーク・クリーク・ブリュワリー&グリル
P97 Oak Creek Brewery & Grill

P98 テラカパキ・アーツ&
クラフツ・ビレッジ
Tlaquepaque Arts & Crafts Village

ザ・タイ
The Ty

▲ スヌーピー・ロック P93
Snoopy Rock

ヴェルデ・リンクス乗り場

State Route 89A

テラカパキ橋
Tlaquepaque Bridge

ヴェルデ・リンクス乗り場

ギャラリー・ディストリクト
Gallery District

ヴェルデ・リンクス乗り場

ハイク・ハウス P94
The Hike House

セドナ・
カルチュラル・パーク
Sedona Cultural Park

コットンウッドへ

Airport Rd.

エアポート・メサ P92
Airport Mesa

セドナ空港 ✈
Sedona Airport

高台にあるエアポート・メサ
からは、町の全容を見渡せる

Poco Diablo Resort Golf Course

ヴェルデ・リンクス乗り場

セドナ・メモリアル・パーク墓地

エレファント・ロック
▲ P93

ホーリー・クロス教会 P92
Chapel of the Holy Cross

ザ・ナンズ P93
マドンナ&チャイルド P93

Chapel Rd.

レッド・ロック・クロッシング
から見たカセドラル・ロック

レッド・ロック・
クロッシング
Red Rock Crossing

レッド・ロック
州立公園
Red Rock State Park

カセドラル・ロック P93
Cathedral Rock

コートハウス・
ビュート P93

P93 ベル・ロック
Bell Rock

Mundy Dr.

ビレッジ・オブ・オーク・クリーク
Village of Oak Creek

ビレッジ・オブ・オーク・
クリークの町並み

アブソルート・バイクス P91
Absolute Bikes

N

0 ━━ 1km

Big Park Elementary School

Canyon Mesa Country Club

P95 エフォーリア・スパ・バイ・ヒルトン・セドナ
Eforea Spa by Hilton Sedona

P99 ヒルトン・セドナ・リゾート・アット・ベルロック H
Hilton Sedona Resort at Bell Rock

セドナ／セドナ全体図

ビッグ・パーク
Big Park

フェニックスへ

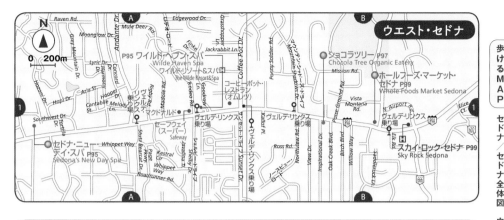

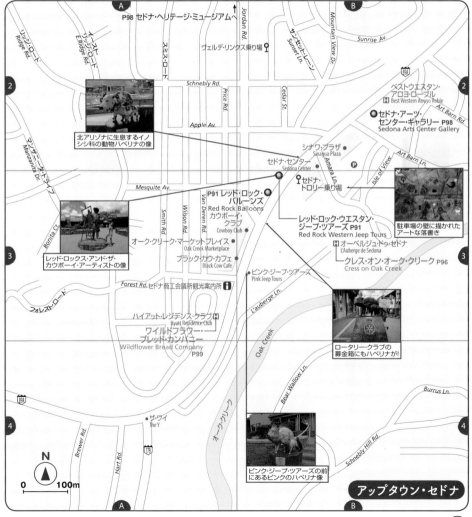

ララチッタ

ラスベガス・セドナ
Lasvegas Sedona

2023年10月15日　初版印刷
2023年11月 1日　初版発行

編集人	井垣達廣
発行人	盛崎宏行
発行所	JTBパブリッシング
	〒135-8165
	東京都江東区豊洲5-6-36
	豊洲プライムスクエア11階

企画・編集	情報メディア編集部
取材・執筆・撮影	K&Bパブリッシャーズ
	千歳香奈子／伊勢本ゆかり／彦坂明美
	エイジャ（小野正恵／佐藤未来／宮崎冴子
	白江ちなみ）
	安部陽二／星野修／松村都／廣田正史
	佐渡祥子
本文デザイン	K&Bパブリッシャーズ／BUXUS（佐々木恵里）
	宇都宮久美子／花デザイン
表紙デザイン	ローグ クリエイティブ
	（馬場貴裕／西浦隆大）
編集・取材・写真協力	ラスベガス観光局／セドナ商工会議所観光局
	JTB USA Los Angeles
	Caesars Entertainment／堤 静恵／日下智幸
	iStock／PIXTA
地図制作	K&Bパブリッシャーズ
	山本眞奈美（DIG Factory）ジェイ・マップ／
	アルテコ／アトリエ・プラン
組版	TOPPAN／ローヤル企画
印刷所	TOPPAN

編集内容や、乱丁、落丁のお問合せはこちら
JTBパブリッシング お問合せ
https://jtbpublishing.co.jp/contact/service/

おでかけ情報満載
https://rurubu.jp/andmore/

※続刊予定あり

ヨーロッパ
① ローマ・フィレンツェ
② ミラノ・ヴェネツィア
③ パリ
④ ロンドン
⑤ ミュンヘン・ロマンチック街道・
　 フランクフルト
⑥ ウィーン・プラハ
⑦ アムステルダム・ブリュッセル
⑧ スペイン
⑨ 北欧
⑩ イタリア
⑫ イギリス
⑬ フランス

アジア
① ソウル
② 台北
③ 香港・マカオ
④ 上海
⑤ シンガポール
⑥ バンコク
⑦ プーケット・サムイ島・バンコク
⑧ ホーチミン
⑨ アンコールワット・ホーチミン
⑩ バリ島
⑪ 釜山
⑫ ベトナム
⑬ 台湾
⑭ セブ島 フィリピン

アメリカ
① ニューヨーク
② ラスベガス・セドナ
③ ロサンゼルス・サンフランシスコ
④ バンクーバー・
　 カナディアンロッキー

太平洋
① ホノルル
② グアム
③ ケアンズ・グレートバリアリーフ
④ シドニー・ウルル
　 （エアーズ・ロック）
⑤ ハワイ島・ホノルル
⑥ オーストラリア